出土文獻與巫術研究

〔韓〕趙容俊 著

上海古籍出版社

本成果的出版得到"中國人民大學出土文獻與中國古代文明研究叢書項目"的支持,謹致謝忱。

目　　録

第一章　甲骨卜辭材料

第一節　甲骨卜辭所見之巫者的求子活動*

中國古代的巫者以歌舞事神，並掌有交通鬼神（即以祭祀、占卜預言、祈禳、驅邪避鬼、招魂等活動來祈求福祥與避免災禍）、醫療救災（包括旱災、止風雨、蝗災、戰災等）、求子生育、建築喪葬、祝詛放蠱、神明裁判等職能。

人類爲保證自身的存在與社會生産的正常進行，必須不斷繁衍、延續生命，如此社會方能正常運行。回顧遠古史，人類有甚爲偏重物質生産與人種繁衍的傾向，尤以後者爲重。① 正是基於此觀念，自古以降，人類常祈求子嗣。生兒育女原爲生理、自然之事，但古人卻相信鬼神之力足以影響此事，又想象有超自然物在掌握人間的姻緣及生兒育女，故加以占卜或祭祀鬼靈以祈求生子。

古時巫者擔任求子活動之職，不僅占卜婚姻吉凶，而且向神靈祭祀以祈求子孫繁衍，或利用求子禁忌等。求子活動一般與婚俗有密切聯繫，故筆者此處主要以占卜婚姻吉凶、求子之俗兩項爲主，大體論述於下。

---

　　* 本文原收録於陳愛民、劉興林主編：《甲骨天地——紀念甲骨文發現 120 週年南京高層論壇論文擷萃》，鳳凰出版社，2019 年，第 58—68 頁。亦可參見趙容俊：《殷商甲骨卜辭所見之巫術》（增訂本），中華書局，2011 年，第 216—229 頁。
　　① 宋兆麟：《巫與巫術》，四川民族出版社，1989 年，第 196—197 頁。

一、先秦文獻的記載

(一) 占卜婚姻吉凶

首先,若就先秦文獻所見之占卜婚姻吉凶的記載而言,婚嫁時卜姓的記載屢見不鮮,如《禮記·曲禮上》云:

> 娶妻不娶同姓,故買妾不知其姓,則卜之。①

又《國語·魯語下》亦云:

> 公父文伯之母欲室文伯,饗其宗老,而爲賦《綠衣》之三章。老請守龜卜室之族。②

韋昭注:"守龜,卜人。族,姓也。"可見古人於婚嫁之時常舉行卜姓之禮。

不寧唯是,於浩如煙海的先秦古籍文獻中,有關巫者從事占卜婚姻吉凶的記載屢見不鮮,如《周易·泰卦》云:

> 六五,帝乙歸妹,以祉元吉。③

王弼注:"婦人謂嫁曰歸。"據此可知,商王帝乙將本族女子外嫁周族文王,④又占問得吉。

又《左傳》僖公四年:

> 初,晋獻公欲以驪姬爲夫人,卜之,不吉。筮之,吉。公曰:"從筮。"卜人曰:"筮短龜長,不如從長。且其繇曰:'專之渝,攘公之羭。一薰一蕕,十年尚猶有臭。'必不可!"弗聽,立之。⑤

又《左傳》僖公十五年記載晋獻公筮嫁伯姬於秦事,其文曰:

① (清) 阮元校刻:《十三經注疏(附校勘記)》(上冊),《禮記》卷二,中華書局,1980 年,第1241 頁。

② (春秋) 左丘明撰,鮑思陶點校:《國語》卷五,齊魯書社,2005 年,第 102 頁。

③ (清) 阮元校刻:《十三經注疏(附校勘記)》(上冊),《周易》卷二,第 28 頁。

④ 宋鎮豪:《夏商社會生活史(增訂本)》(上)"第三章　婚姻",中國社會科學出版社,2005 年,第 239 頁。

⑤ (清) 阮元校刻:《十三經注疏(附校勘記)》(下冊),《左傳》卷十二,第 1793 頁。

初，晋獻公筮嫁伯姬於秦，遇歸妹䷵之暌䷥。史蘇占之，曰："不吉。其繇曰：'士刲羊，亦無衁也。女承筐，亦無貺也。西鄰責言，不可償也。歸妹之暌，猶無相也。'震之離，亦離之震。"①

又《左傳》莊公二十二年：

初，懿氏卜妻敬仲。其妻占之，曰："吉。是謂：'鳳皇于飛，和鳴鏘鏘。有嬀之後，將育于姜。五世其昌，並于正卿。八世之後，莫之與京。'"②

據以上幾段不難得知，先秦古人在婚嫁之時，往往先占問其吉凶。

（二）求子之俗

若論古人的求子之俗，先秦典籍中向神靈祭祀以祈求子孫繁衍的文獻不乏其例，如《詩經·大雅·生民》云：

生民如何？克禋克祀，以弗無子。③

其下注云："去無子，求有子，古者必立郊禖焉。玄鳥至之日，以大牢祠于郊禖。"由此不難得知，古時以舉行祭祀而祓除無子之祟，乃當時求子儀式的一種禮法。④

《生民》亦云：

履帝武敏，歆，攸介攸止。載震載夙，載生載育，時維后稷。⑤

文中的"履帝武敏"，乃言踐踏上帝的腳印，姜嫄因而生后稷。⑥ 舉行此儀

---

① （清）阮元校刻：《十三經注疏（附校勘記）》（下册），《左傳》卷十四，第 1807 頁。
② 同上，卷九，第 1775 頁。
③ （清）阮元校刻：《十三經注疏（附校勘記）》（上册），《詩經》卷十七，第 528 頁。
④ 胡新生：《中國古代巫術》，山東人民出版社，1999 年，第 499 頁。
⑤ （清）阮元校刻：《十三經注疏（附校勘記）》（上册），《詩經》卷十七，第 528—529 頁。
⑥ 姜嫄踐踏上帝的腳印而生后稷的記錄，《史記·周本紀》中亦可見之："周后稷，名棄。其母有邰氏女，曰姜嫄。姜嫄爲帝嚳元妃。姜嫄出野，見巨人迹，心忻然説，欲踐之，踐之而身動如孕者。居期而生子，以爲不祥，棄之隘巷，馬牛過者，皆辟不踐。徙置之林中，適會山林多人，遷之。而棄渠中冰上，飛鳥以其翼覆薦之。姜嫄以爲神，遂收養長之。初欲棄之，因名曰棄。"（漢）司馬遷撰，（宋）裴駰集解，（唐）司馬貞索隱，（唐）張守節正義：《史記》（第一册）卷四，中華書局，1959 年，第 111—112 頁。

式時,裝扮上帝的巫者在前面舞蹈,求子婦女則尾隨其後,踐其足迹,以此接受神力,故能袚除無子之祟。[①]

1973 年,在長沙馬王堆第 3 號漢墓中發現的馬王堆帛書,則多反映先秦時期古人的各種思維方式。[②] 尤其是《胎産書》一篇,專論有關胎産的宜忌,類似古醫書《産經》,其中一部分乃後世徐之才《逐月養胎法》的祖本。[③]

《胎産書》中亦記載求子之俗的内容:

· 禹問幼頻曰:"我欲埴(殖)人産子,何如而有?"幼頻合(答)曰:"月朔已去汁□,三日中從之,有子。其一日南(男),其二日女殹(也)。故人之産殹(也),入於冥冥,出於冥冥,乃始爲人。"(1—2 行中間)

· 求子之道曰:"求九宗之草,而夫妻共以爲酒,飲之。"(26 行)[④]

文中的"九宗"即九族,因九宗之草已凝聚大家族的意志與力量,故任何妨礙生子的邪祟,均被摧垮毁滅。[⑤] 此雖屬於具有消極性的禁忌巫術,但古人認爲如此能避無子之祟,使子孫繁衍。

綜上所陳,古時巫者曾擔任求子活動的職責,即舉行祭祀以祈求子孫繁衍、婚嫁時卜姓、占卜婚姻吉凶、利用求子禁忌等。

---

① 胡新生:《中國古代巫術》,第 499 頁。此種求子祭祀儀式,聞一多曾指出:"'克禋克祀,以弗無子。'弗讀爲袚,毛、鄭皆以爲袚郊禖之祭。……上云禋祀,下云履迹,是履迹乃祭祀儀式之一部分,疑即一種象徵的舞蹈。所謂'帝'實即代表上帝之神尸。神尸舞於前,姜嫄尾隨其後,踐神尸之迹而舞,其事可樂,故曰'履帝武敏歆',猶言與尸伴舞而心甚悦喜也。……蓋舞畢而相攜止息於幽閒之處,因而有孕也。"聞一多:《聞一多全集》(第一册)"神話與詩·姜嫄履大人迹考",三聯書店,1982 年,第 73 頁。

② 許進雄:《中國古代社會——文字與人類學的透視》(修訂本),臺灣商務印書館,1995 年,第 508 頁。其云:"近年在湖南長沙馬王堆發掘出一些古代的醫學著作,反映一些戰國時代的醫學成就。最早的抄本是秦、漢之際的《五十二病方》。……我們可以想像漢代編輯的兩部醫學名作《神農本草》和《黄帝内經》,都是在戰國的醫學基礎上發展起來的。"

③ 馬王堆漢墓帛書整理小組編:《馬王堆漢墓帛書》(肆),文物出版社,1985 年,第 3 頁。亦可參考盧嘉錫總主編,廖育群等著:《中國科學技術史(醫學卷)》,科學出版社,1998 年,第 236 頁。

④ 馬王堆漢墓帛書整理小組編:《馬王堆漢墓帛書》(肆),第 136—139 頁。

⑤ 胡新生:《中國古代巫術》,第 501 頁。

二、考古學成果

據考古學報告,在遼寧省喀左縣東山嘴紅山文化遺址中,人們在橢圓形祭壇附近曾發現兩件孕婦裸體陶像。陶像腹部隆起明顯,肩部彎曲,右手貼於上腹,陰部有三角形的符號,乃當時的求子女神。[①] 此外,遼寧省牛河梁紅山文化遺址的"女神廟"中,曾出土女神泥塑造像殘塊,還發現乳房殘塊多件,均有突起的尖狀乳頭。此種女神造像,反映古人祈求子孫繁殖、人丁興旺的生殖崇拜之觀念。[②]

對男性生殖器官的崇拜,發現較晚。如屬於仰韶文化的諸多遺址,尤其是甘肅秦安大地灣第九區遺址中,曾發現泥質紅陶的陶祖。[③] 河南汝州洪山廟所發現的仰韶文化遺址一號墓中,曾發現在甕棺陶缸上彩繪或雕塑的男性生殖器形,其總數至少 12 件以上。[④] 此種男性生殖器崇拜,也具有子孫繁盛的目的,[⑤]且反映當時男性地位的提高,人類對於生育現象的認識已有相當進步。[⑥]

隨着生育崇拜的進一步發展,古人將男女同體的形象神聖化。如廣西左江流域崖壁畫中發現多處突出描繪男女性器官的場面,甚至有男女同體交媾圖。此類赤身裸體的野合場面,是求靈生子祭祀時施行的求子巫術之一。[⑦] 巫者的此類求子巫術,作爲人類延續生命的重要課題而倍受重視,並使人類產生依賴感。

求子目的的達成,一般與婚俗密切聯繫,且必須通過生育的過程。因

---

① 俞偉超、嚴文明等:《座談東山嘴遺址》,《文物》1984 年第 11 期,第 12—21 頁。張錫瑛:《紅山文化原始宗教探源》,《遼海文物學刊》1993 年第 1 期,第 49—57 頁。亦可參考嚴文明主編:《中國考古學研究的世紀回顧・新石器時代考古卷》,科學出版社,2008 年,第 247—249 頁。

② 遼寧省文物考古研究所:《遼寧牛河梁紅山文化"女神廟"與積石塚群發掘簡報》,《文物》1986 年第 8 期,第 1—17 頁。

③ 甘肅省博物館文物工作隊:《甘肅秦安大地灣第九區發掘簡報》,《文物》1983 年第 11 期,第 1—14 頁。

④ 袁廣闊:《洪山廟一號墓男性生殖器圖像試析》,《文物》1995 年第 4 期,第 12—15 頁。

⑤ 王吉懷:《宗教遺存的發現和意義》,《考古與文物》1992 年第 6 期,第 61 頁。

⑥ 鍾敬文主編,晁福林等著:《中國民俗史(先秦卷)》,人民出版社,2008 年,第 320—321 頁。

⑦ 宋兆麟:《巫與巫術》,第 168—177 頁。

此,古人常進行與求子相關的活動,如崇拜男女生殖器,包括近似男性生殖器形的石祖、陶祖、木祖等,以及近似女性生殖器形的啟母石、女陰石、石婦山、貞女硤等,或崇拜象徵强盛孕育力的大腹便便的婦女形象。由此可知,古人將孕育生命的器官作爲生命來源的象徵,加以尊崇。

綜上所陳,先秦時期曾有女陰崇拜、男根崇拜、男女同體等觀念,以及相關的祭祀習俗。此類求子活動,已包含許多巫術的觀念,且多藉助巫者的巫術活動來呈現,以滿足人類的心理要求。

三、甲骨卜辭的記載

(一)甲骨卜辭所見之商代婚俗

若論甲骨卜辭所見之商代婚俗,古人在以婚姻制度確定某對男女爲夫妻,即認定爲永久性的伴侶之後,逐漸取消不對等的上古群婚制。尤其在已進入父權制下的一夫一妻或一夫多妻制的殷商時代,有關巫者占卜商王婚姻吉凶的記載,於三千多年前的商代甲骨卜辭中已屢見不鮮,茲略舉數例於下:

　　☐,爭貞:取(娶)汰妾?　　　　　　　　　　　　(《合》00657)

　　丙戌卜,爭貞:取(娶)黄尹丁人嬉?　　　　　　(《合》03097)

　　貞:弗作王妻?　　　　　　　　　　　　　　　　(《合》05450)

　　貞:囚(禍)? 允其取(娶)女。　　　　　　　　　(《合》14755 正)

　　己酉卜,貞:取(娶)婦娞?　　　　　　　　　　　(《合》19994)

　　庚申卜:取(娶)兂削女☐?　　　　　　　　　　　(《合》21094)

上引辭例中的"取",毋庸置疑當讀如"娶"。據此可知殷商時期巫者從事占卜商王婚姻吉凶的事實。

尤其由上引"貞:弗作王妻"一辭可知,卜問某女能否作爲王妻,蘊含了詢問商王婚姻的吉凶與否。一般而言,商王通過這樣的婚姻關係,進一步鞏固與異族間的政治隸屬關係。①

---

① 宋鎮豪:《夏商社會生活史(增訂本)》(上),第 234—240 頁。

除此之外，商代族氏方國，或出於政治義務或意願，或迫於王威，有時向商王朝嫁送其地女子。此種情形，亦見於商代甲骨卜辭中，兹略舉數例於下：

> 辛卯卜，争：勿呼取(娶)奠(鄭)女子？二告。　　　　（《合》00536）
>
> 庚寅卜，㱿貞：㦜以角女？二告。
>
> 庚寅卜，㱿貞：㦜弗其以角女？　　（以上皆見於《合》00671 正）
>
> 丁巳卜，古貞：周以嫊？　　　　　　　　　（《合》01086 正）
>
> 丁酉☐，執弗其以𤇆？　　　　　　　　　　（《合》01088 正）
>
> 呼取(娶)女于林？二告。　　　　　　　　　（《合》09741 正）

上引辭例中的"呼取(娶)"，乃商王利用王威而强制婚姻之意。又某方以某女，則是商代族氏方國向商王朝嫁送女子之意。[1]

殷商王朝娶女，有時王者卜問自娶之事，或代占家族成員或臣下的娶妻吉凶，兹略舉數例於下：

> 己卯卜，王貞：雀受嬈☐？　　　　　　　　（《合》04156）
>
> 甲戌，余卜：取(娶)后？　　　　　　　　　（《合》21796）
>
> 甲戌，余：取(娶)后？　　　　　　　　　　（《合》21797）

此例中的"余"，應爲武丁自謂。[2] 因此，由上引"甲戌，余卜：取(娶)后""甲戌，余：取(娶)后"等例可知，商王武丁親自卜問娶女爲后之事。

此外，由上引"己卯卜，王貞：雀受嬈☐"例可知，商王有時代占家族成員或臣下的婚姻吉凶，以此鞏固其影響力。

(二) 甲骨卜辭所見之求子之俗

商代父權家長制下的族外婚，受家族本位的支配，故女子外嫁即成爲男方族氏或家族成員。由於人丁興旺有賴於婦女的多産多子，故不僅決

---

[1]　宋鎮豪：《夏商社會生活史(增訂本)》(上)，第 234—240 頁。

[2]　同上，第 238 頁。不過，他對此辭例中的"余"有不同的見解，他認爲此處的"余"應屬於子組卜辭，乃"非王卜辭"之例，即非武丁自謂，應爲族長"子"的自謂，可備一說。

不能輕易離棄其婦,還常干預其生育,祓除無子之疾。不僅如此,婦女死後或與夫同穴合葬、異穴並葬,或厝之族墓地,作爲子孫繁衍之源始終被視爲氏族或家族内的重要財産之一。①

商代的祈子求生之俗,甲骨卜辭中即可見之,兹略舉數例於下:

貞:菶(禱)王生牢于妣庚、于妣丙?　　　　　　　　(《合》02400)

□辰卜:菶(禱)生妣己,婦☑?　　　　　　　　　　(《合》21060)

乙未卜:于妣壬菶(禱)生?

乙酉,于妣癸?　　　　　　　　　　(以上皆見於《合》22050)

戊申卜:菶(禱)生五妣,于乙、父己?　　　　　　(《合》22100)

癸未,貞:其菶(禱)生于高妣丙?　　　　　　　　(《合》34078)

乙巳,貞:丙午酢,菶(禱)生于妣丙,牡三、牝一、白☑?

　　　　　　　　　　　　　　　　　　　　　　　(《合》34080)

辛巳,貞:其菶(禱)生于妣庚、妣丙,牡、牝、白豕?　(《合》34081)

庚辰,貞:其菶(禱)生于妣庚、妣丙,在祖乙宗卜?　(《合》34082)

□辰,貞:其菶(禱)生于祖丁母妣己?　　　　　　　(《合》34083)

☑卜,爭貞:菶(禱)王生于妣庚、于妣丙?二月。　(《懷特》71)

上引辭例中的先公主壬配"妣庚"(又稱高妣庚)、先王大乙配"妣丙"(又稱高妣丙)"妣壬"、祖丁配"妣己"(又稱高妣己)"妣癸"等已故五位先妣,②於商人的心目中,已成爲祈求生育的女神,③故商人崇之並舉行祈子祭祀。④

甲骨文所見的求生之祭,已達30例,主要祭儀爲"酢祭"。舉行此類祈子祭祀時,商人亦注重牲畜的雌雄性别,即以雌雄動物象徵男女的

---

① 宋鎮豪:《夏商社會生活史(增訂本)》(上),第249頁。

② 商王之配爲妣壬者,有大庚、大戊,故此妣壬屬誰不明。此外,中丁及祖丁之配有妣癸。

③ 武丁之後,祈子求生的對象有所改變,即原有的妣壬、妣癸不見,以後崇拜小乙配"妣庚"(不稱高妣庚,以與先公主壬配"妣庚"相區别),故商人祈子求生的生育女神,共爲四位。宋鎮豪:《夏商社會生活史(增訂本)》(上),第253頁。

④ 此祈子祭祀,即謂拜求有孕生子時舉行的祭祀,其意義如《詩經·生民》載:"生民如何?克禋克祀,以弗無子。"同上,第257頁。

性狀態，又通過交感作用求生祈子，可視爲與人類生育的交感巫術有關。①

　　總之，商代的甲骨文中已可見巫者擔任求子活動的各種職司，如占卜婚姻吉凶、祈子之俗等。由此觀之，古人在生活中，不僅重視祈求子嗣、人丁興旺、繁衍後代之事，並以巫術之法助其子孫繁盛。

第二節　巫者的神明裁判活動與先秦法律的起源*

　　本節主要運用商代甲骨卜辭的記録，並將之與古籍文獻的記載、考古報告互相印證，探討中國古代巫者的神判活動，以及先秦時期法律起源方面的内容。

　　神明裁判之事，又稱神判、神裁、神斷、天罰等，是祈求神靈裁判人間是非真僞以及私有財産糾紛的驗證方法。神明裁判之事爲巫教信仰的産物，也是古代維護社會秩序的重要組成部分，②故成爲巫者之重要職事。

　　法律即社會所有成員的行爲準則，而刑罰乃維持其法則順利施行的手段，兩者相輔相成。法律與刑罰，於階級未分的遠古時期，其適用對象尚無差別，然而至於階級分化顯著之時，卻逐漸成爲强者加於弱者的規定。因此，先秦時期，富有巫術性質的神判與法律刑罰制度，常見混用並施的情況。

　　神判雖爲極其愚昧之舉，然而在當時社會的歷史條件影响下必然産生，因其擔負了使社會正常運轉的重要任務，並促進法律的形成與發展。

---

　　①　宋鎮豪：《夏商社會生活史（增訂本）》（上），第 255 頁。
　　*　本文原收録於清華大學出土文獻研究與保護中心編：《半部學術史，一位李先生——李學勤先生學術成就與學術思想國際研討會論文集》，清華大學出版社，2021 年，第 833—847 頁。亦可參見趙容俊：《殷商甲骨卜辭所見之巫術》（增訂本），中華書局，2011 年，第 260—270 頁。
　　②　宋兆麟：《巫與巫術》，第 300—308 頁。

換言之,此種神判曾作爲執行法律最有效的裁決方法,然而隨着時代的變遷、文明的發達,最終便讓位於後世的法律制度。

一、古籍文獻的記載

(一) 神明裁判

首先,關於神判的記載,古籍中如《尚書·甘誓》云:

> 大戰于甘,乃召六卿。王曰:"嗟! 六事之人,予誓告汝。有扈氏威侮五行,怠棄三正,天用剿絕其命。今予惟恭行天之罰。"①

文中的"恭行天之罰",乃描述夏啓於有扈氏叛亂之際,奉行上天的意志,對有扈氏進行征討。此種"天之罰"屬於"天罰"神判之類。

又《墨子·明鬼下》:

> 昔者,齊莊君之臣,有所謂王里國、中里徼者。此二子者,訟三年而獄不斷。齊君由謙殺之,恐不辜,猶謙釋之,恐失有罪。乃使之人共一羊,盟齊之神社,二子許諾。於是泏洫,撰羊而漉其血,讀王里國之辭既已終矣,讀中里徼之辭未半也,羊起而觸之,折其腳,祧神之而櫜之,殪之盟所。當是時,齊人從者莫不見,遠者莫不聞,著在齊之《春秋》。②

"謙"即兼。"泏洫"即歃血,"撰"猶到。此乃齊莊公以神判的方式決斷紛紜之案的良例。③

又《論衡·亂龍篇》:

> 李子長爲政,欲知囚情,以梧桐爲人,象囚之形。鑿地爲埳,以盧爲槨,臥木囚其中。囚罪正,則木囚不動;囚寃侵奪,木囚動出。不知囚之精神著木人乎? 將精神之氣動木囚也? 夫精神感動木囚,何爲

---

① (清) 阮元校刻:《十三經注疏(附校勘記)》(上册),《尚書》卷七,中華書局,1980年,第155頁。

② (清) 孫詒讓撰,孫啓治點校:《墨子閒詁》(上册)卷八,中華書局,2001年,第232—233頁。

③ 宋兆麟:《巫與巫術》,第12頁。

獨不應從土龍？四也。①

"堷"即陷。由此可知古代判案時以神判方式決案的具體做法。

(二) 獬豸神判

關於獬豸神判的傳説,古人認爲,獬豸有助於判斷人的曲直是非,東漢楊孚所撰《異物志》便有提及:

> 東北荒中有獸,名獬豸,一角,性忠。見人鬥,則觸不直者;聞人論,則咋不正者。②

(梁) 任昉《述異記》亦云:

> 獬豸者,一角之羊也,性知人有罪。皋陶治獄,其罪疑者,令羊觸之。③

又東漢王充的《論衡·是應篇》中亦有:

> 儒者説云:觟𧣒者,一角之羊也,〔青色四足,或曰似熊,能知曲直,〕性知有罪。皋陶治獄,其罪疑者,令羊觸之。有罪則觸,無罪則不觸。斯蓋天生一角聖獸,助獄爲驗,故皋陶敬羊,起坐事之。此則神奇瑞應之類也。④

"觟𧣒(𧣾)"即傳説中的一角羊神獸"獬豸",⑤此段描述以"觟𧣒(𧣾)"審定罪行之事。獬豸傳説有助於判案,後成爲原始法律的象徵,其故蓋源於此矣。⑥

由於獬豸有助於判案,後世執行刑法的法官一般均頭戴獬豸冠,遂成

---

① 上海古籍出版社編:《四部精要·子部》,《論衡》卷十六,上海古籍出版社,1982 年,第 894 頁。

② (漢) 楊孚撰,(清) 曾釗輯:《異物志》,中華書局,1985 年,第 5 頁。

③ (梁) 任昉撰:《述異記》卷上,載《文淵閣四庫全書》(第一○四七冊),臺灣商務印書館,1983—1986 年,第 623 頁。

④ 黃暉撰:《論衡校釋(附劉盼遂集解)》卷十七,中華書局,1990 年,第 760—761 頁。

⑤ 關於此"觟𧣒(𧣾)"的名稱,或稱"獬豸""獬廌""解廌",孫人和曾云:"《開元占經·獸占》引'觟𧣒'作'獬豸',《事類賦》二十二引作'獬廌',《説文》作'解廌',此作'觟𧣾',並音近古通。"同上,第 760 頁。

⑥ 高國藩:《中國巫術史》,上海三聯書店,1999 年,第 87—91 頁。

古代法官的標誌，①如《後漢書·輿服下》記載：

> 法冠，一曰柱後。……或謂之獬豸冠。獬豸神羊，能別曲直，楚
> 王嘗獲之，故以爲冠。②

可見此種獬豸判案的傳説後世仍沿用，執法官吏頭戴一種獬豸之冠，象徵
判案公正。③

此種傳説中的神獸"獬豸"，古時或稱"廌"。若視"灋（法）"字在文字
學上的解釋，便可知亦有此種獬豸神判的意義，如《説文解字》"灋（法）"
下云：

> 灋，刑也。平之如水，从水。廌所以觸不直者，去之，从廌去。
> 法，今文省。佱，古文。④

許進雄在《簡明中國文字學》中亦有論述：

> 以廌構形，傳説可助判案，漢代一位判官的墓門，就畫有一對
> 低頭欲向前衝突的廌。由於字形演變有如獨角獸，其長而平行的
> 角也容易被誤會爲獨角，故在漢以後的墓葬，常以細長的獨角
> 出現。⑤

據此幾段不難得知，有關獬豸神判的内容，不僅古籍文獻之中有豐富記
載，在文字學資料中亦可見之。

由此觀之，古代中國的神判頗有歷史的痕迹可查。除獬豸神判外，古
代還有不少神判的方式，如宣誓神判、占卜神判、詛咒神判、火的神判、血
的神判、力的神判、摘物神判、撈沸神判、熾鐵神判、煮物神判等，可分
十類。⑥

---

① 高國藩：《中國巫術史》，上海三聯書店，1999 年，第 87—91 頁。
② （晋）司馬彪撰，（梁）劉昭注補：《後漢書》（第十二册）志第三十，中華書局，1965 年，第
3667 頁。
③ 宋兆麟、馮莉合編：《中國遠古文化》，寧波出版社，2004 年，第 409 頁。
④ 見（清）段玉裁注：《説文解字注》卷十上，藝文印書館，1994 年，第 474 頁。
⑤ 許進雄編：《簡明中國文字學》（修訂版），中華書局，2009 年，第 24—25 頁。
⑥ 諸類神判内容，參見宋兆麟：《巫與巫術》，第 277—293 頁。

二、巫者的神明裁判活動

（一）遠古時期

原始社會的人類，以巫術信仰爲傳統來維持社會秩序，故最初的法律亦以此種巫術信仰爲準則，並順乎天神意志，逐漸形成法律制度。[1] 一角神獸解廌神判傳説標誌了中國法律的起源，[2]已爲中國法學界所公認。[3]

就遠古時期而言，此時神判是執行法律最有效的裁決方法，故成爲維護社會秩序的一種重要組成部分。[4]

遠古母系氏族社會，生産力十分低下，人類以氏族公社的形式謀生，母系血緣關係便成爲氏族的天然紐帶。隨後出現的父系家庭公社，與伴隨而起的私有觀念，不僅使經濟基礎由公有變爲私有，亦使人類的思想意識由出於公心發展爲出於私心。正因如此，隨着氏族内私有財産與貧富分化的産生，公社或部落間日夜不停地爆發矛盾，氏族公社内各家庭之間此起彼伏的財産糾紛也與日俱增。

由此，除舊有風俗習慣外，當時人又尋求維持社會秩序的新辦法。史前時代的人信仰多神，認爲鬼神主宰周圍世界的一切事物，並支配人類的全部生活環境，故神的力量（即神判）應運而生，具有維持社會秩序的重要作用。此種神判一時曾與法律共存，共同醖釀産生後世的法律制度。

（二）殷商時期

至於殷商時期，有關神判的傳統文獻亦可見之，如《詩經·商頌》云：

---

[1]　高國藩：《中國巫術史》，第 87—88 頁。

[2]　瞿同祖：《中國法律與中國社會》"第五章　巫術與宗教"，中華書局，2003 年，第 272 頁。其云："中國有史以來就以刑訊來獲得口供，早就不仰賴神判法了。但在使用刑訊以前，似也曾經過神判的階段。在最古的傳説裏還可以看出一些遺留的痕迹。"

[3]　胡留元、馮卓慧合著：《夏商西周法制史》，商務印書館，2006 年，第 28—29 頁。其云："縱然如此，而盛行於夏商的'天罰''神判'卻是我國步入文明社會之後首次建立起的與夏商文明相適應的立法思想和立法理論，没有它，就不可能有西周的'明德慎罰'，更不可能有延續兩千年之久的'德主刑輔'法律思想。"亦可參見高國藩：《中國巫術史》，第 90 頁。

[4]　宋兆麟：《巫與巫術》，第 307—308 頁。

古帝命武湯,正域彼四方。方命厥后,奄有九有。①

鄭玄箋:"天帝命有威武之德者成湯,使之長有邦域,爲政於天下。"

又《尚書·湯誓》:

王曰:"格,爾眾庶,悉聽朕言。非台小子敢行稱亂,有夏多罪,天命殛之。……爾尚輔予一人,致天之罰,予其大賚汝。"②

孔安國傳:"桀有昏德,天命誅之,今順天。"

商湯征伐夏桀時,假托"天罰"之名推翻夏政,建立了商湯政權。③ 此種"天之罰"的觀念,亦可視爲神判。

甲骨文的"廌(𦥑𦥑𦥑)"字,作高大的長角羚羊類動物形。廌爲華北地區動物,商代的田獲記錄載其毛色爲黄。至於後代,因氣温轉冷而南移,終於中國絶迹而變爲傳説中的神獸。金文中的"灋(𤃡𤃡𤃡𤃡)"字,乃以廌爲構件,傳説可助神判判案。此動物目前在越南的叢林中猶有遺存。④

此外,占卜活動是根據各種物事之徵兆,而推斷鬼神之意欲與人事之吉凶禍福,故可視爲探知神判的具體措施。除上述"天之罰"的神判外,商代的甲骨卜辭中還有另外一種神判方式,即卜筮神判,兹略舉數例於下:

貞:不隹(惟)帝令乍(作)我囚(禍)?　　　　　　　(《合》06746)

戊戌卜,賓貞:兹邑亡降囚(禍)? 二告。

貞:兹邑其有降囚(禍)? 二告。　　(以上皆見於《合》07852 正)

貞:亡降疾?　　　　　　　　　　　　　　　(《合》13855)

貞:帝不隹(惟)降饺?

貞:☑帝隹(惟)降饺?　　　　　　(以上皆見於《合》14171)

貞:卯,帝弗其降囚(禍)? 十月。　　　　　　(《合》14176)

---

① (清)阮元校刻:《十三經注疏(附校勘記)》(上册),《詩經》卷二十,第 623 頁。

② 同上,《尚書》卷八,第 160 頁。

③ 胡留元、馮卓慧合著:《夏商西周法制史》,第 34—37 頁。

④ 許進雄:《中國古代社會——文字與人類學的透視》(修訂本),第 599 頁。亦可參考許進雄編:《簡明中國文字學》(修訂版),第 24—25 頁。

貞：帝其乍(作)我孽？　　　　　　　　　　　　　（《合》14184）

▢帝肇王疾？　　　　　　　　　　　　　　　　　（《合》14222 正乙）

貞：隹(惟)帝肇王疾？ 二告。　　　　　　　　　　（《合》14222 正丙）

壬寅，貞：月有哉，王不于一人囚(禍)？　　　　　　（《小屯》726）

商人認爲罪行判斷由神主之，故以占卜的形式，卜問天神的意旨。上引"貞：不隹(惟)帝令乍(作)我囚(禍)""貞：帝其乍(作)我孽"等例，尤爲明顯。

由此觀之，殷商時期，由於殷人具有"尚鬼好巫"的習俗，且殷統治者亦深信鬼神，天罰神判與卜筮神判的巫術，遂於殷商時期最爲凸顯。

(三) 兩周時期

兩周時期，文獻中關於神判的記載寥寥無幾，[1]如《尚書·多士》云：

〔成〕王若曰："爾殷遺多士！弗弔，旻天大降喪于殷。我有周佑命，將天明威，致王罰，勑殷命終于帝。"[2]

"旻天大降喪于殷"之下，孔安國傳："殷道不至，故旻天下喪亡於殷。"由此可知，周公強調，周克商乃天命，非人力所能扭轉，藉此削減商民的反抗之意。[3] 此種"天命"的觀念，亦可視爲"天罰"神判之類。

又《左傳》莊公三十二年亦云：

秋七月，有神降于莘。惠王問諸內史過曰："是何故也？"對曰："國之將興，明神降之，監其德也。將亡，神又降之，觀其惡也。故有得神以興，亦有以亡，虞、夏、商、周皆有之。"[4]

由此可知，古人相信一國之存亡，由神掌之。德衰而亡國之事，尤其屬於"天罰"神判之類。

又《墨子·尚同中》：

夫既尚同乎天子，而未上同乎天者，則天菑將猶未止也。故當若

---

① 胡留元、馮卓慧合著：《夏商西周法制史》，第 306—311 頁。
② （清）阮元校刻：《十三經注疏(附校勘記)》（上冊），《尚書》卷十六，第 219 頁。
③ 許進雄：《中國古代社會——文字與人類學的透視》（修訂本），第 568 頁。
④ （清）阮元校刻：《十三經注疏(附校勘記)》（下冊），《左傳》卷十，第 1783 頁。

天降寒熱不節,雪霜雨露不時,五穀不孰,六畜不遂,疾菑戾疫,飄風
苦雨,荐臻而至者,此天之降罰也,將以罰下人之不尚同乎天者也。①
"天菑"猶天災。各種災變的發生亦被古人認爲是天之降罰,故亦可視爲
"天罰"神判之類。

　　除傳統文獻外,出土文獻中亦有此種神判內容。如 1979 年河南省溫縣
武德鎮公社西張計大隊曾出土春秋末期(公元前 497 年)的溫縣盟書。此地
目前共發現一百二十四個土坑,其中十六個土坑出土書寫盟辭的大量石
片。② T1 坑 1:2182 出土的載書便記錄有"天罰"神判的內容,其文曰:

　　　　十五年十二月乙未朔,辛酉,自今台(以)坒(往),鄩朔敢不愿
　　　　(歛)愿(歛)爲中(忠)心事其宔(主),而與賊爲徒者,丕顯晋公大冢,
　　　　惥(諦)僼(亟)覷(視)女(汝),麻(滅)叀(夷)非(彼)是(氏)。③

上引盟誓辭文的大意,乃爲今後忠心服侍主君,若與亂臣爲友,則丕顯的
晋國神靈將仔細審察,使其絕子絕孫。④

　　1994 年初上海博物館收藏的戰國楚簡《鬼神之明》篇中亦有此種神
判的記載,簡文曰:

　　　　今夫魏(鬼)神又(有)所明,又(有)所不明,則吕(以)亓(其)賞善
　　　　罰暴也。……迡(及)桀受(紂)壆(幽)萬(厲),焚聖人,殺許者,惻
　　　　(賊)百眚(姓),嚻(亂)邦豪(家)。■〔此吕(以)桀折於帚(歷)山,而
　　　　受(紂)首於只(岐)社(社),〕身不殁(没),爲天下芙(笑)。則魏(鬼)
　　　　神 之 罰 ,此 明 矣。(1—3 上段)⑤

此簡文記載桀紂幽厲的國破身亡是因德衰而被神降罰。由此篇的內容觀

---

①　(清)孫詒讓撰,孫啟治點校:《墨子閒詁》(上册)卷三,第 82 頁。

②　河南省文物研究所:《河南溫縣東周盟誓遺址一號坎發掘簡報》,《文物》1983 年第 3 期,第
78 頁。

③　同上,第 79—81 頁。

④　同上。

⑤　馬承源主編:《上海博物館藏戰國楚竹書(五)》,上海古籍出版社,2005 年,第 310—316 頁。

之，疑其爲《墨子·明鬼》上、中篇之散佚部分。[①]

總之，温縣盟書及上海博物館收藏的戰國楚簡的内容，亦可視爲"天罰"神判之類。

然而，進入周朝以後，隨着周初天道觀的轉變及人文理性精神的興起，[②]此種"天罰"神判的觀念，開始動摇而至於解體，"明德慎罰"的立法思想逐漸形成。[③]

三、先秦法律的起源與形成

法律，是社會所有成員的行爲準則，而刑罰乃維持其法則順利施行的手段，兩者具有相輔相成的功效。此種法律與刑罰，於階級未分的遠古時期，其適用對象尚無差別，然而至於階級分化顯著之時，卻逐漸成爲强者加於弱者的規定。[④] 此處略論先秦時期法律的大體發展過程。

(一) 遠古時期

遠古時期，古人的神判活動雖盛行於當時社會之中，但隨着時代的變遷，逐漸脱離神判的蒙昧，形成法律與典章制度。

古籍文獻中載有古代中國法律的形成與發展的内容，如《莊子·天地》記載子高對夏禹説的一段話：

> 子高曰："昔堯治天下，不賞而民勸，不罰而民畏。今子賞罰而民且不仁，德自此衰，刑自此立，後世之亂自此始矣。夫子闔行邪？无落吾事。"伹伹乎耕而不顧。[⑤]

---

① 馬承源主編：《上海博物館藏戰國楚竹書(五)》，上海古籍出版社，2005 年，第 308 頁。
② 有關周代人文思想興起的内容，可參考趙容俊：《殷商甲骨卜辭所見之巫術》(增訂本)，第 284—286 頁。亦可參見趙容俊：《殷商甲骨卜辭所見之巫術》，文津出版社，2003 年，第 298—301 頁。
③ 胡留元、馮卓慧合著：《夏商西周法制史》，第 311 頁。其云："總之，作爲夏商立法思想和司法原則的'天罰''神判'，在周初隨着周人天道觀的轉變而動摇、解體了。'天罰''神判'法律思想的動摇和解體，必將預示着與'天罰''神判'相對立的一種新的立法思想將要來臨。這種新的立法思想，就是周初法律學家周公旦等人提出、倡導並付諸實施的'明德慎罰'。"
④ 許進雄：《中國古代社會——文字與人類學的透視》(修訂本)，臺灣商務印書館，1995 年，第 542 頁。
⑤ (清) 王先謙、劉武撰，沈嘯寰點校：《莊子集解》卷三，中華書局，1987 年，第 103 頁。

又《漢書・刑法志》：

> 孫卿之言既然，又因俗説而論之曰："禹承堯、舜之後，自以德衰而制肉刑，湯、武順而行之者，以俗薄於唐、虞故也。"①

上引二文充分説明，隨着國家（即夏王朝）的出現，法律刑罰制度也同時出現的事實。②

此外，有關古代的法律與刑罰制定的情形，如《尚書・舜典》云：

> 象以典刑，流宥五刑，鞭作官刑，扑作教刑，金作贖刑，眚災肆赦，怙終賊刑。③

孔安國傳："象，法也。法用常刑，用不越法。"

又《尚書・吕刑》記載法律刑罰施行的情形：

> 苗民弗用靈，制以刑，惟作五虐之刑，曰法。殺戮無辜，爰始淫爲劓、刵、椓、黥。越茲麗刑，并制罔差有辭。④

孔安國傳："三苗，帝堯所誅。"由於三苗之主不信鬼神，並擅自制定刑法，虐刑百姓，帝堯遂誅殺三苗之主。

由此觀之，遠古時期，古人的神判活動雖盛行於當時社會之中，但法律與典章制度亦逐漸形成。

（二）殷商時期

若論商代的法律制度，先秦古籍文獻中亦有所見，如在《左傳》昭公六年的記載中，叔向對鄭子產鑄刑書之事有一段評價：

> 三月，鄭人鑄刑書。叔向使詒子產書，曰："……夏有亂政而作《禹刑》，商有亂政而作《湯刑》，周有亂政而作《九刑》。三辟之興，皆

① （漢）班固撰，（唐）顏師古注：《漢書》（上册）卷二十三，中華書局，2005年，第939頁。
② 若視有關夏代制定的刑罰内容，如《周禮・司刑》載："司刑：掌五刑之灋，以麗萬民之罪。墨罪五百，劓罪五百，宫罪五百，刖罪五百，殺罪五百。"鄭玄注云："夏刑大辟二百，臏辟三百，宫辟五百，劓、墨各千。"（清）阮元校刻：《十三經注疏（附校勘記）》（上册），《周禮》卷三十六，第880頁。
③ （清）阮元校刻：《十三經注疏（附校勘記）》（上册），《尚書》卷三，第128頁。
④ 同上，《尚書》卷十九，第247頁。

叔世也。"①

由"商有亂政而作《湯刑》"之句可知，商湯建商以後，爲鞏固其政權，便制定該法律制度。

至於《湯刑》的具體内容，《尚書·伊訓》中記載伊尹曾提及其中的官刑：

> 〔商湯〕制官刑，儆于有位，曰："敢有恒舞于宫，酣歌于室，時謂巫風。敢有殉于貨、色，恒于遊、畋，時謂淫風。敢有侮聖言，逆忠直，遠耆德，比頑童，時謂亂風。惟兹三風十愆，卿士有一于身，家必喪。邦君有一于身，國必亡。臣下不匡，其刑墨。具訓于蒙士。"②

伊尹於成湯没後，依此儆戒百官的"治官刑法"，遂放逐並處罰太甲。此種官刑之法，無疑反映了商代法律制度的一面。

不寧唯是，甲骨文的"臧（𠂤𠂤𠂤）"、③"劓（𠂤𠂤𠂤）"、④"刖（𠂤𠂤𠂤）"、⑤"剢（𠂤𠂤𠂤）"、⑥"辛（𠂤𠂤𠂤𠂤）"、⑦"馘、聝（𠂤𠂤𠂤）"、⑧"伐（𠂤

---

① （清）阮元校刻：《十三經注疏（附校勘記）》（下册），《左傳》卷四十三，第 2043—2044 頁。

② （清）阮元校刻：《十三經注疏（附校勘記）》（上册），《尚書》卷八，第 163 頁。

③ 對於甲骨文"臧"字的考釋，許進雄在《中國古代社會》中云："甲骨文的'臧'字，作一豎立的眼睛被戈刺瞎之狀。瞎了一隻眼睛的俘虜没有太大的反抗能力，最好是順從主人的旨意。在主人來説，順從是奴隸的美德，故臧有臣僕和良善兩種意義。"許進雄：《中國古代社會——文字與人類學的透視》（修訂本），第 540 頁。亦可參見許進雄：《古文諧聲字根》，臺灣商務印書館，1995 年，第 110 頁。

④ 對於甲骨文"劓"字的考釋，許進雄在《古文諧聲字根》中云："以刀割鼻之刑，或并以之懸掛樹上以警戒他人。"許進雄：《古文諧聲字根》，第 551 頁。

⑤ 對於甲骨文"刖"字的考釋，許進雄在《簡明中國文字學》中云："在甲骨作一人被手持鋸子截斷一腳而成兩腳不等長的刑法。對照文獻，知是刖刑。"許進雄編：《簡明中國文字學》（修訂版），第 219 頁。

⑥ 對於甲骨文"剢"字的考釋，趙佩馨在《甲骨文中所見的商代五刑——並釋刖、剢二字》中云："甲骨文的這個字本是去人勢的專字，與義爲去猪勢的剢字是有區别的。入周代，剢（椓）字的意義擴大到了人身上，而𠂤字遂廢；也即是説，𠂤字的意義已經被包括在剢字之内了，所以容易合並爲一字。爲方便起見，把甲骨文的𠂤字逕釋作剢，應該是可以的。"趙佩馨：《甲骨文中所見的商代五刑——並釋刖、剢二字》，《考古》1961 年第 2 期，第 109 頁。

⑦ 對於甲骨文"辛"字的考釋，許進雄在《中國古代社會》中云："甲骨文的'辛'字是一把刺紋的刀形。當時應有以刺墨爲處罰的措施，故含有辛部分的字，多與刑罰或罪犯之事有關。"許進雄：《中國古代社會——文字與人類學的透視》（修訂本），第 541 頁。亦可參見許進雄：《古文諧聲字根》，第 730 頁。

⑧ 對於甲骨文"馘、聝"字的考釋，許進雄在《古文諧聲字根》中云："懸首於戈以示殺敵戰勝。"許進雄：《古文諧聲字根》，第 44 頁。

⿰⿰等字,亦皆反映商代的刑罰數法已備。此處再略舉數例卜辭於下:

庚辰卜,王:朕刴羌,不☒死☒?	(《合》00525)
貞:刖寇八十人,不死?	(《合》00580 正)
己丑卜,爭貞:王其𢼽?	(《合》06016 正)
丁巳卜,亘貞:劓牛爵?	(《合》06226)
貞:〔登〕人,呼職伐羌?	(《合》06619)
丙寅卜,王:令火、戈辛?	(《合》20245)

可見,商代的甲骨卜辭中已有刴(宮刑)、刖(刖刑)、劓(劓刑)、職(刵刑)、辛(黥刑)、𢼽(死刑)、伐(死刑)等刑罰細目。[②] 換言之,殷商時期已具備各種具體的刑罰細目與法律制度。

(三) 兩周時期

就兩周時期的法律制度而言,文獻中記録刑罰的内容亦屢見不鮮,如《周禮·司刑》云:

> 司刑:掌五刑之灋,以麗萬民之罪。墨罪五百,劓罪五百,宮罪五百,刖罪五百,殺罪五百。若司寇斷獄弊訟,則以五刑之灋詔刑罰,而以辨罪之輕重。[③]

鄭玄注:

> 墨,黥也,先刻其面,以墨室之。劓,截其鼻也。今東西夷或以墨劓爲俗,古刑人亡逃者之世類與? 宮者,丈夫則割其勢,女子閉於宮中,若今宦男女也。刖,斷足也。周改臏作刖。殺,死刑也。《書傳》曰:"決關梁、踰城郭而略盜者,其刑臏。男女不以義交者,其刑宮。謂易君命,革輿服制度,姦軌盜攘傷人者,其刑劓。非事

---

① 對於甲骨文"伐"字的考釋,許進雄在《古文諧聲字根》中云:"以戈砍人之頭狀,處刑之法。"許進雄:《古文諧聲字根》,第 499 頁。
② 王宇信、楊升南主編:《甲骨學一百年》,社會科學文獻出版社,1999 年,第 485—488 頁。
③ (清) 阮元校刻:《十三經注疏(附校勘記)》(上册),《周禮》卷三十六,第 880 頁。

而事之，出入不以道義，而誦不詳之辭者，其刑墨。降畔、寇賊、劫略、奪攘、矯虔者，其刑死。"此二千五百罪之目略也，其刑書則亡。[1]

由此可知，兩周時期已有數量龐大的五刑刑罰細目及其違法條目。

除上述內容之外，若視青銅器"儌（訓）匜"的銘文，亦可得見西周晚期法律的一面，伯揚父宣判曰：

> 牧牛！ 敢，乃可湛，女（汝）敢呂（以）乃師訟，女（汝）上氒先誓。今女（汝）亦既又（有）卸誓，尃、趞、魯、顜（睦）、儌（訓）宑（造），亦兹五夫，亦既卸乃誓，女（汝）亦既從諆（辭）從誓，弋（式）可。我義（宜）便（鞭）女（汝）千、黜𤅡女（汝），今我赦女（汝）。義（宜）便（鞭）女（汝）千、黜𤅡女（汝），今大赦女（汝），便（鞭）女（汝）五百、罰女（汝）三百乎（鋝）。（儌（訓）匜）[2]

此銘文描述的內容，乃陳述牧牛的罪狀，並由刑獄官伯揚父宣布判決結果。周代刑罰的若干內容，於西周時期的青銅器銘文中亦可見之。

1975 年末，在雲夢睡虎地 M11 號墓葬中，曾發現大量戰國末至秦代的秦簡。其中《秦律十八種》發現於墓主軀體右側，共二百零一支簡。此《秦律十八種》於律文的每條末尾皆記有律名或律名的簡稱。[3]

其中《金布律》篇爲關於貨幣、財物方面的法律規定。此處舉一條爲例，其云：

> 賈市居列者及官府之吏，毋敢擇行錢、布。擇行錢、布者，列伍長弗告，吏循之不謹，皆有罪。金布。（68）[4]

上引此條規定商賈與官府之吏不能擅自選擇貨幣，否則違法。據此可知，戰國末期，秦深受法家的思想，以圖強國，便強調各種法律的規定。

---

① （清）阮元校刻：《十三經注疏（附校勘記）》（上冊），《周禮》卷三十六，第 880 頁。

② 此銘文的隸定與考釋，可參考馬承源主編：《商周青銅器銘文選》（第三冊），文物出版社，1988 年，第 184—186 頁。亦可參見李學勤：《青銅器與古代史》"訓匜"，聯經出版公司，2005 年，第 388—396 頁。

③ 睡虎地秦墓竹簡整理小組編：《睡虎地秦墓竹簡》，文物出版社，1990 年，第 19 頁。

④ 同上，第 36 頁。

　　此種法家思想,其目的不在法律本身,而在於利用法律强國。其術强調賞罰分明而不偏私,極其偏重以重刑威嚇以防人民犯罪,故雖有一時之效,卻忽略了仁愛教化之道。[①]

　　總之,進入周朝以後,隨着周初天道觀的轉變,以及人文理性精神的興起,"明德慎罰"的立法思想最終出現。與此同時,法律與刑罰制度亦漸得强化。

---

① 許進雄:《中國古代社會——文字與人類學的透視》(修訂本),第 543—544 頁。

第二章　銅器銘文材料

第一節　鳥圖騰崇拜[*]

　　殷商時期的祭祀活動,由於多與天(自然)、神、祖、靈等溝通,故帶上種種巫術活動。原始祭禮中,特別是在祭祀進行過程中,祭祀所用的祭具與犧牲,[①]以及禁忌等,其巫術性的滲透更爲强大。[②]

　　如此觀之,巫術爲祭祀中不可缺少的部分,尤其在巫教處於黄金時代的殷商時期,[③]大小鬼神的祭祀事宜確掌於巫者之手,即諸巫掌管規定的歲時之祀。此種殷商時期的祭祀活動,亦有商族的鳥圖騰崇拜。

　　圖騰崇拜,原爲原始氏族時期産生的一種宗教信仰。"圖騰(totem)"

---

　　[*]　本文原收録於(臺灣)《東方人文學誌》2003年第2卷第2號,第1—26頁。亦可參見趙容俊:《殷商甲骨卜辭所見之巫術》(增訂本),中華書局,第120—130頁。

　　[①]　殷人尚鬼,祭祀特多,在舉行祭祀時常需許多犧牲。殷人最常用的犧牲品,大致以牛、牢、羊、宰、豕、犬爲主要祭品。"牢""宰"爲關在牢中豢養的牛羊,參照卜辭所記,亦可知其爲祭祀犧牲之用。這些牲者,多爲生活中的主要食物來源,亦爲助益農耕的家畜。此外,商代亦有以人作爲祭祀犧牲品的事實。卜辭中的"伐(𠇗、𠈌、𠈌、𠈌)"字,除征伐之義外,又有用人爲祭之義。若視考古發掘遺物,可知商代人頭隨葬的風俗相當普遍,一座墓内少者有一、二人頭,多者有七十多人頭。殷人的祭祀,往往一次用數以百計的牛、牢、羊、宰、豕、犬等祭祀犧牲,其規模龐大,後世罕見。古人選擇祭祀犧牲品之時,於祭祀前必占卜犧牲種類、數量、祭地、祭祀神靈及祭日,殷人的甲骨占卜,乃最主要的方法。古籍文獻中有關此事的記録亦屢見不鮮,如《左傳》僖公三十一年:"夏四月,四卜郊,不從,乃免牲,非禮也。猶三望,亦非禮也。禮不卜常祀,而卜其牲、日。牛卜日曰牲。牲成而卜郊,上怠慢也。"(清)阮元校刻:《十三經注疏(附校勘記)》(下册),《左傳》卷十七,中華書局,1980年,第1831頁。此類事實證明先秦時期的巫者除參與祭祀儀式本身,亦深入到決定犧牲品等統籌之事中。

　　[②]　參見張紫晨:《中國巫術》,上海三聯書店,1990年,第78—90頁。

　　[③]　參見趙容俊:《殷商甲骨卜辭所見之巫術》(增訂本),第279—286頁。

一詞,係北美印第安語,意爲氏族的標誌或圖徽。[1]

圖騰信仰,即古人認爲人與某種動物、植物或無生物之間有一種特殊的血緣關係,氏族皆起源於某種圖騰。因此,古代的人類往往視圖騰爲自己誕生的來源之一,從而產生圖騰信仰,並由巫者執行各種宗教祭祀活動。此種圖騰崇拜,亦屬交通鬼神之事。

殷商時代的鳥圖騰信仰,見於古籍文獻、甲骨卜辭、銅器銘文與紋飾,還有相關的地下史料,此均爲商人信仰鳥圖騰的生動標誌。若進一步交驗互證,亦足見殷商時代以鳥爲圖騰的事實。

研究指出,圖騰信仰在父權社會出現前,一直是母系氏族社會的基本信仰,[2]且爲巫者崇拜的神靈之類。[3] 因此,殷商時期可稱爲"巫教的黄金時代"。[4] 其圖騰信仰不外乎以動物爲其種族來源,尤其商人信仰鳥圖騰

---

[1]　Lewis Henry Morgan(摩爾根)著,楊東蓴、馬雍、馬巨合譯:《Ancient Society:古代社會》,江蘇教育出版社,2005 年,第 134 頁。其云:"鄂吉布瓦人操同一種方言,他們有氏族組織,我們已經知道其中二十三個氏族的名稱,但不能肯定這是否包括其全部氏族。在鄂吉布瓦方言中,有'圖騰'一詞——實際上往往讀作'多丹'——意指一個氏族的標誌或圖徽;例如,狼的圖形便是狼氏族的圖騰。斯庫耳克拉夫特先生便根據這個詞而使用'圖騰制度'這一術語來表示氏族組織,倘若我們在拉丁語和希臘語中都找不到一個術語來表達這種歷史上已經出現過的制度的一切特徵和性質,那麼,'圖騰制度'一詞也是完全可以接受的。而且,使用這個術語亦自有其便利之處。"

[2]　對於圖騰信仰爲母系氏族社會的基本信仰,宋兆麟主張:"在當時鬼神觀念的支配下,人類把上述動植物看作是與自己生命攸關的神靈。而且由於當時的人們正處於母系氏族社會,子女知其母不知其父,也搞不清性交與生育的因果關係,人類在追溯自己的來源時,除了明確自己的母親、祖母而外,並不知有父,而把上述神靈作爲自己的來源之一,從而產生了圖騰信仰。"宋兆麟:《巫與巫術》,四川民族出版社,1989 年,第 85 頁。此外,有關中國地區內母系氏族社會的存在,杜正勝曾在《古代社會與國家》中對研究母權社會的考古學成果加以評論:"張忠培撰寫《元君廟仰韶墓地》,探討墓葬反映的社會制度。陝西華縣元君廟仰韶文化遺址是一處多人二次合葬的墓地,六排,每排若干合葬坑。張氏分作緊鄰的兩區和互相對應的三期。張忠培認爲墓地的排列和埋葬形式可能反映死者生前的社會組織,參考北美印第安人氏族社會的墓地,認爲每個墓坑代表一個家族,隔開的兩區代表兩個氏族,整個墓地合成一個部落。合葬坑性別不同,年齡不同。年齡不同可能意味不同世代,但因爲是二次葬,骨骸鑑定爲成人或小孩者,他們的輩分或有可能相同。由於合葬坑的成年男女多不成配對,所以不同性別的異性也不可能是夫妻。在同一墓坑非血親即姻親的前提下,張氏推斷同坑之死者是同血緣的成員,反映母系氏族的組織。年代比元君廟稍晚的渭南史家村仰韶墓地也流行多人兩次合葬,成年男女人數或相等,或不等,有的墓坑還連帶小孩,但未見一對成年男女或一對成年男女與兒童的合葬墓,故張忠培亦定爲母系社會。"杜正勝:《古代社會與國家》,允晨文化出版社,1992 年,第 9 頁。

[3]　見宋兆麟:《巫與巫術》,第 75—135 頁。另見張紫晨:《中國巫術》,第 240—263 頁。又見梅益總編:《中國大百科全書(宗教)》"薩滿、薩滿教",中國大百科全書出版社,1988 年,第 325—328 頁。

[4]　參見趙容俊:《殷商甲骨卜辭所見之巫術》(增訂本),第 279—284 頁。

之事,確係其來有自。不過,商代已進入原始社會後期,即由母系社會轉變至父權社會,圖騰信仰僅存殘餘。

一、史前時期

中國古籍文獻中記載有關三代以前的圖騰崇拜及其傳説不勝繁舉,較可信者,如《左傳》昭公十七年傳郯子所述:

> 秋,郯子來朝,公與之宴。昭子問焉,曰:"少暭氏鳥名官,何故也?"郯子曰:"吾祖也,我知之。昔者黄帝氏以雲紀,故爲雲師而雲名。炎帝氏以火紀,故爲火師而火名。共工氏以水紀,故爲水師而水名。大暭氏以龍紀,故爲龍師而龍名。我高祖少暭,摯之立也。鳳鳥適至,故紀於鳥,爲鳥師而鳥名。鳳鳥氏,歷正也;玄鳥氏,司分者也;伯趙氏,司至者也;青鳥氏,司啟者也;丹鳥氏,司閉者也;祝鳩氏,司徒也;鴡鳩氏,司馬也;鳲鳩氏,司空也;爽鳩氏,司寇也;鶻鳩氏,司事也。五鳩,鳩民者也。五雉爲五工正,利器用,正度量,夷民者也。九扈爲九農正,扈民無淫者也。自顓頊以來,不能紀遠,乃紀於近,爲民師而命以民事,則不能故也。"①

由此可知,三代以前已有圖騰崇拜及其傳説,即"黄帝氏以雲紀""炎帝氏以火紀""共工氏以水紀""大暭氏以龍紀",以及"少暭氏以鳥紀"等,均爲研究中國圖騰的學者常舉之例。② 其中少暭氏爲最典型的鳥崇拜氏族部落,其部落内各氏族全以鳥爲名號。③

此外,有關夏禹的誕生傳説,亦屢見不鮮,如《史記·夏本紀》正義引《帝王紀》云:

---

① （清）阮元校刻:《十三經注疏(附校勘記)》(下册),《左傳》卷四十八,第 2083—2084 頁。
② 于省吾:《略論圖騰與宗教起源和夏商圖騰》,《歷史研究》1959 年第 11 期,第 61 頁。另見於白川静著,王孝廉譯:《中國神話》,長安出版社,1983 年,第 112—115 頁。
③ 石興邦:《我國東方沿海和東南地區古代文化中鳥類圖像與鳥祖崇拜的有關問題》,載田昌五、石興邦主編:《中國原始文化論集——紀念尹達八十誕辰》,文物出版社,1989 年,第 243 頁。

　　父鯀妻脩己，見流星貫昴，夢接意感，又吞神珠薏苡，胸坼而生禹。名文命，字密，身九尺二寸長，本西夷人也。①

　　又《穆天子傳》亦有記載，其云：

　　丙辰，天子南遊于黃室之丘，以觀夏后啟之所居。②

郭璞注："疑此言太室之丘嵩高山，啟母在此山化爲石，而子啟亦登仙，故其上有啟石也。皆見《歸藏》及《淮南子》。"據二文可知，禹母吞薏苡而生禹，且啟母化石，此傳説亦在《藝文類聚》《漢書》及《山海經》等書中多有論述。

　　由此觀之，夏禹的誕生已有悠久的傳説與記載，夏后氏顯然以薏苡與石爲圖騰。換言之，夏代已處於父權制初期，但仍保留早期氏族社會圖騰制度的遺風。③

二、殷商時期

（一）古籍文獻的記載

　　父權制産生後，隨着階級社會的出現，由動物而取得的名字，便讓位於個人名祖的名字。換言之，以人獸合體的神怪爲共祖的時代，開始過渡至以名人爲共祖的時代。④ 此時猶有動物崇拜及圖騰的孑遺，⑤加之殷商多尚鬼好巫，因可稱之爲"巫教的黃金時代"，最富其典型特徵。

---

　　① 　上海書店編：《二十五史》（第一冊），《史記》卷二，上海古籍出版社，第 7 頁。
　　② 　（晋）郭璞注：《穆天子傳》卷五，載《文淵閣四庫全書》（第一〇四二冊），臺灣商務印書館，1983—1986 年，第 260 頁。
　　③ 　于省吾：《略論圖騰與宗教起源和夏商圖騰》，《歷史研究》1959 年第 11 期，第 63—65 頁。
　　④ 　石興邦：《我國東方沿海和東南地區古代文化中鳥類圖像與鳥祖崇拜的有關問題》，載田昌五、石興邦主編：《中國原始文化論集——紀念尹達八十誕辰》，第 246 頁。
　　⑤ 　于省吾：《略論圖騰與宗教起源和夏商圖騰》，《歷史研究》1959 年第 11 期，第 63—65 頁。另見於石興邦：《我國東方沿海和東南地區古代文化中鳥類圖像與鳥祖崇拜的有關問題》，載田昌五、石興邦主編：《中國原始文化論集——紀念尹達八十誕辰》，第 246 頁。此外還有胡厚宣：《甲骨文所見商族鳥圖騰的新證據》，《文物》1977 年第 2 期，第 84—87 頁；程君顒：《試探中國古代鳥圖騰氏族的形成及其演變》，《史耘》1995 年第 1 期，第 1—33 頁。

　　至於殷商時期，商人以鳥爲圖騰，已爲客觀事實。[①] 此種鳥形徽號，多見於商代甲骨金文與考古出土的遺物上，如能辨其形象的鳳、燕、鷹、梟等，多爲以鳥類爲氏族徽號的遺風。[②] 換言之，商人係以鳥爲圖騰的東方族類之一。[③]

　　玄鳥生商之事，古籍文獻中，屢見不鮮，首見於《詩經》《楚辭》，此後傳記中亦習見。今擇要録之於下。

　　《詩經・商頌・玄鳥》云：

---

　　① 見宋兆麟：《巫與巫術》，第 87 頁。又見於鄭愛蘭：《商周宗教與藝術所反映的社會政治心態之研究——從器物圖像之"物"看上古巫術與宗教的意識形態》，臺灣大學歷史所 1999 年博士學位論文（指導教師：杜正勝），第 76—79 頁。程君顒：《試探中國古代鳥圖騰氏族的形成及其演變》，《史耘》1995 年第 1 期，第 1—33 頁。于省吾：《略論圖騰與宗教起源和夏商圖騰》，《歷史研究》1959 年第 11 期，第 63—65 頁。石興邦：《我國東方沿海和東南地區古代文化中鳥類圖像與鳥祖崇拜的有關問題》，載田昌五、石興邦主編：《中國原始文化論集——紀念尹達八十誕辰》，第 246 頁。另見於胡厚宣：《甲骨文商族鳥圖騰的遺迹》，《歷史論叢》1964 年第 1 輯，第 131—159 頁。胡厚宣：《甲骨文所見商族鳥圖騰的新證據》，《文物》1977 年第 2 期，第 84—87 頁。

　　② 石興邦：《我國東方沿海和東南地區古代文化中鳥類圖像與鳥祖崇拜的有關問題》，載田昌五、石興邦主編：《中國原始文化論集——紀念尹達八十誕辰》，第 246 頁。另見於畢長樸：《中國上古圖騰制度探賾》，文林打字印刷有限公司，1979 年，第 184—208 頁。孫作雲：《中國古代鳥氏族諸酋長考》，載杜正勝：《中國上古史論文選集》，華世出版社，1979 年，第 407—447 頁。

　　③ 于省吾：《略論圖騰與宗教起源和夏商圖騰》，《歷史研究》1959 年第 11 期，第 65—68 頁。此外，陳夢家亦堅持商人爲東方民族的見解，其云："玄鳥故事，見於《商頌》《離騷》《天問》等，而《呂覽・音初》：'有娀氏有二佚女，爲之九成之臺，飲食必以鼓。帝令燕往視之，鳴若謚謚。二女愛而爭搏之，覆以玉筐。少選，發而視之，燕遺二卵北飛，遂不反。二女作歌，一終曰："燕燕往飛。"實始作爲北音。'這個神話，是説明始祖生於燕卵；由此神話分化轉衍，流行於東北民族，傅斯年據以証商爲東北民族，詳其所著《夷夏東西説》（《慶祝蔡元培六五歲論文集》）。又此神話亦流行於淮夷，所謂淮夷亦是東北民族：卜辭中有所謂'佳夷'者（《殷契後編》20・11,36・6）即《禹貢》《大戴禮・五帝德》的鳥夷，乃東夷之一，《後漢・東夷傳》説東夷於武乙以後'分遷淮、岱，漸居中土'。淮夷的秦，亦有此神話，《秦本紀》：'秦之先，顓頊之苗裔，孫曰女修。女修織，玄鳥隕卵，女修吞之，生子大業。'佳夷詳余所著《佳夷考》（《禹貢月刊》五卷十期）。玄鳥故事，亦行於夫餘國，夫餘國除玄鳥故事外，其他尚有二事與商民族出自一源：一、《朝鮮舊三國史・東明本紀》：'夫餘王解夫婁老無子，祭山川求嗣。所御馬至鯤淵，見大石流淚，王怪之，使人轉其石，有小兒金色蛙形。王曰："此天賜我令胤乎？"乃收養之，名曰金蛙，立爲太子。'以金蛙爲始祖，與商人之祀蛙（詳下）似乎有關；又同書記朱蒙之母'坐石而出'，與金蛙之出於石，其事同於《淮南子》説塗山氏化爲石，石破生啟（《漢書・武帝紀》注引）。二、《魏志・東邊傳》云'夫餘國若有軍事，殺牛祭天，以其蹄占吉凶，蹄解者爲凶，合者爲吉'；又《御覽》726 引楊方《五經鈎沈》'東夷之人以牛骨占事'，是以牛骨占事行於東北夷，而商人亦以牛骨爲占卜之用，且王（占）之事惟契於牛骨，故自占卜方法，亦可証商爲東北族。……又考之：朝鮮者實商代發祥地也；殷亡以後，箕子建國於此，必其地本爲商之故居。余讀《殷本紀》'契卒，子昭明立'，昭明者，夫餘之始祖朱蒙也。'朱'與'昭'、'蒙'與'明'古皆同音，《魏書・高句麗傳》言朱明母爲日光所照而孕卵，故朱明曰'我是日子，河伯外孫'，故朱明又曰東明王。昭明之子曰相，《商頌》曰'相土烈烈，海外有截'，謂相承父業，其疆土及於海外，海外者朝鮮半島之勃海也。"陳夢家：《商代的神話與巫術》，《燕京學報》1936 年第 20 期，第 494—497 頁。

天命玄鳥,降而生商,宅殷土芒芒。①

毛傳:"春分玄鳥,降湯之先祖。有娀氏女簡狄,配高辛氏帝。帝率與之祈于郊禖,而生契。故本其爲天所命,以玄鳥至而生焉。"鄭箋:"天使鳦下而生商者,謂鳦遺卵,娀氏之女簡狄,吞之而生契,爲堯司徒,有功封商。堯知其後將興,又錫其姓焉。"②

又《楚辭·天問》云:

簡狄在臺,嚳何宜? 玄鳥致貽,女何喜?③

王逸注:"言簡狄侍帝嚳於臺上,有飛燕墮遺其卵,喜而吞之,因生契也。"④

由此可知,《詩經》與《楚辭》的記載中,玄鳥生商之事已可見之。

除《詩經》與《楚辭》外,文獻中有關玄鳥生商的記載亦甚多,如《呂氏春秋·音初》云:

有娀氏有二佚女,爲之九成之臺,飲食必以鼓。帝令燕往視之,鳴若謚隘。二女愛而爭搏之,覆以玉筐。少選,發而視之,燕遺二卵,北飛,遂不反。二女作歌,一終曰:"燕燕往飛。"實始作爲北音。⑤

高誘注:"帝,天也。天令燕降卵於有娀氏女,吞之生契。"

又《拾遺記》云:

商之始也,有神女簡狄。遊於桑野,見黑鳥遺卵於地,有五色文,作八百字,簡狄拾之,貯以玉筐,覆以朱紱。夜夢神母,謂之曰:"爾懷此卵,即生聖子,以繼金德。"狄乃懷卵,一年而有娠,經十四月而生

---

① (清)阮元校刻:《十三經注疏(附校勘記)》(上册),《詩經》卷二十,第622—623頁。

② 同上。

③ (宋)朱熹:《楚辭集注》卷三,藝文印書館,1967年,第120—121頁。

④ 同上。

⑤ (秦)呂不韋撰,(漢)高誘注:《呂氏春秋》卷六,載《文淵閣四庫全書》(第八四八册),臺灣商務印書館,1983—1986年,第318頁。

契。祚以八百,叶卵之文也。雖遭旱厄,後嗣興焉。[1]

此外,《竹書紀年·殷商成湯》謂:

> 初,高辛氏之世,妃曰簡狄。以春分玄鳥至之日,從帝祀郊禖,與其妹浴于玄丘之水。有玄鳥銜卵而墜之,五色甚好,二人競取,覆以二筐。簡狄先得而吞之,遂孕。胸剖而生契。長爲堯司徒,成功於民,受封於商。……夢乘船過日月之傍,湯乃東至于洛,觀帝堯之壇。沈璧退立,黃魚雙踴,黑鳥隨之。止于壇,化爲黑玉。[2]

又《史記·殷本紀》亦有記載,其云:

> 殷契,母曰簡狄,有娀氏之女,爲帝嚳次妃。三人行浴,見玄鳥墮其卵,簡狄取吞之,因孕生契。[3]

由上引幾段可知,商人祖先吞卵而生,此卵由玄鳥而得,故商人以玄鳥爲祖,並常乞求子嗣於玄鳥圖騰。此種觀念,屬於求育巫術之類。[4]

(二) 銅器銘文所見之鳥圖騰

1."隹"字用例

商人的鳥圖騰,於殷商甲骨與銅器銘文中亦有遺留。如甲骨文中的"隹(𫝹、𫠟、𫠠、𫝙、𫜮、𫝞、𫝭)"字與"叀、叀(𫝜、𫝾、𫝁、𫝃、𫝴)"字,[5]卜辭中

---

① (晉)王嘉撰,(梁)蕭綺録:《拾遺記》卷二,中華書局,1981年,第40—41頁。

② (梁)沈約注:《竹書紀年》卷五,載《文淵閣四庫全書》(第三〇三冊),臺灣商務印書館,1983—1986年,第14頁。

③ 上海書店編:《二十五史》(第一冊),《史記》卷三,第14頁。

④ 宋兆麟:《巫與巫術》,第192頁。

⑤ 伊藤道治:《卜辭中"虛詞"之性格——以"叀"與"隹"之用例爲中心》,《古文字研究》第12輯,中華書局,1985年,第163頁。對於"叀"與"隹"二字的考釋,日人伊藤道治曾云:"以上檢討卜辭、金文中'叀''叀'和'隹'的用法及意思,得到如下的結論:卜辭、金文的'叀''叀'二字是'惠'字的古體,意思上由強調性的提示變化到以選擇或代替爲目的的提示,而且進一步具有祈求的意味。另外,'隹'字在第一期卜辭中含有強烈的否定意識,與'叀'字對應而具有提示的作用。但是到了第三期、第四期,否定的意識逐漸稀薄而轉化成肯定的作用,然後更進一步具有意志、祈求的意味而與'叀''叀'變成同義。到了西周時代,金文中的'叀''隹'和古典中當虛詞的'惠''惟'產生相同的作用。因此可以說:'叀'和'隹'在第一期卜辭中同樣具有提示的作用。但是'叀'是肯定的而'隹'具有極強的否定意味,兩者是對立的。第三期以後,'隹'字的意思起了變化,逐漸地傾向於同一作用。這種變化的背景當中有着宗教意識的改變。"

皆用作虛詞，[1]其中鳥類形狀的"隹(惟)"字多用作發語之詞。[2]

　　金文中所見鳥圖騰孑遺，於殷代銅器銘文中的句首語辭上，亦可見之，茲略舉數例於下：

　　　　隹(惟)王來正(征)人(夷)方。隹(惟)王十祀又五，彡(肜)日。(小臣俞尊)

　　　　才(在)十月一，隹(惟)王廿祀，翌日，遘于匕(妣)戊、武乙奭，豕一。牟旅。(辇簋)

　　　　才(在)六月，隹(惟)王六祀，翌日。亞獏。(六祀邲其卣)

　　　　隹(惟)王六祀，彡(肜)日，才(在)四月。亞吴(疑)。(小臣邑斝)

由此不難得知，殷商青銅器銘文中，特別在發語詞"隹(惟)"字用法上，[3]亦可見商族的鳥圖騰崇拜。

　　西周的青銅器直接繼承商代銅器文化，[4]故習見相同的情形。西周

---

　　① 伊藤道治：《卜辭中"虛詞"之性格——以"叀"與"隹"之用例爲中心》，《古文字研究》第 12 輯，中華書局，1985 年，第 163 頁。其云："再者，卜辭中的'叀''叀'和'隹'，如果像陳夢家氏或管燮初氏把它們當作介詞或疑問副詞的話，無法説明所有用例中這些字的意義。因此很明顯的將它們當虛詞看待是最妥當的。但是值得注意的是它們又和後代的虛詞不同。它們的意義是被限定的，而且它們所處的句子的内容也是有限定的。"

　　② 對於"隹(惟)"字的發語詞用法，吳其昌曾提及，其謂："'隹'者，在卜辭中，雖大部用發語之詞，如'隹(惟)王□祀''隹(惟)王來正(征)□方'等是。"轉引自于省吾主編：《甲骨文字詁林》(第 2 册)，中華書局，第 1667 頁。此外，有關殷商甲骨卜辭所見之鳥圖騰崇拜的内容，可參見趙容俊：《殷商甲骨卜辭所見之巫術》(增訂本)，第 120—130 頁。

　　③ 對於金文中"隹(惟)"字的考釋，馬承源云："隹：即惟，又作唯，古字通。句首語辭，無特殊意義，爲古語所習用，金文中常見。"馬承源主編：《商周青銅器銘文選》(第三册)，文物出版社，1988 年，第 2—3 頁。

　　④ 葛治功：《試述我國古代圖騰制度的遺痕在商周青銅器上的表現》，《南京博物院集刊》1983 年第 6 期，第 47—49 頁。其云："我們都知道，周族在滅商時，周族的文化是遠遠落後於商王朝的，我們直到現在還没有發現一件周武王滅商以前周代的青銅器，就是一個很好的證明。這個事實表明，周族在滅商以前，還没有掌握製造青銅器這種先進的生産技術。如果這個推斷不錯的話，也就説明，周族在滅商以前還是處在新石器時代，過着比較原始的氏族社會生活。但在周武王滅商以後，周族爲了掌握商王朝的高度文化，周武王没有採取把商王朝的人都殺光的政策。而是把商族人特別是那些會製造青銅器在内的'百工'統統接收下來，變成周族的奴隸，讓他們爲周王朝效勞。這事有周初封諸侯以屏王室，曾'分魯公以……殷民六族：條氏、徐氏、肖氏、索氏、長勺氏，……。分康叔以……殷民七族：陶氏、施氏、繁氏、錡氏、樊氏、饑氏、終葵氏'可證。西周初期的青銅器雖然没有商代青銅器製作的優美精良，但周王朝畢竟是把商代製造青銅器的先進技術承繼下來了。甚至西周最早的青銅器製造者很可能就是原來給商王鑄造青銅器的人。因此，在西周初期的青銅器上有鳥形銘文和鳥形紋飾並不奇怪。那是商族人帶來的'傳統文化'。"

金文中的"隹(惟)"字,與殷商金文相比,其用例既近,並未形成鴻溝,兹略舉數例於下:

　　隹(惟)朕又(有)蔑,每(敏)啓王休于尊皀(簋)。(天亡簋)

　　隹(惟)十月又一月丁亥,我乍(作)禦祇且(祖)乙、匕(妣)乙、且(祖)己、匕(妣)癸,征(延)礿叔二母。(我方鼎)

　　隹(惟)皇上帝百神,保余小子。朕猷又(有)成,亡兢。(宗周鐘)

　　唯(惟)王九月丁亥,王客(格)于般宮,丼(井)白(伯)內(入)右,利立中廷,北卿(嚮)。(利鼎)

據此可知,西周金文中的"隹(惟)"或"唯(惟)"字,亦常用於向神靈稟告某事,或在祈求銘文中,用爲句首語辭。[①]

此種觀念不惟可以追溯至商代甲骨文與銅器銘文,還與後世祭文中習見之"維""惟"或"惠"的發語詞相關,[②]可見鳥圖騰崇拜之想法的產生由來已久,其成俗遺風又流傳至現代。

不過,商人爲何常將"隹(惟)"字加在銅器銘文句首?究其原因,商人遭遇凶事之時,便向祖先神靈祈禱、祭祀,以求排難解憂。因此,他們常祭拜自己祖神之一的鳥類圖騰神靈,以冀獲得援助。因爲商代有關鳥的傳説甚多,[③]在殷商文化中,不惟視飛鳥爲登天階梯的延伸,且操鳥亦爲巫者通天的工具,[④]故常以崇拜的態度待之。因此,"隹(惟)"字常加在銅器銘文句首,表示其虔誠之意。

---

① 伊藤道治:《卜辭中"虛詞"之性格——以"叀"與"隹"之用例爲中心》,《古文字研究》第12輯,中華書局,1985年,第161頁。

② 同上,第160—163頁。此外,對於祭文中"維"的性質,萬建中曾在《中國歷代葬禮》中曰:"祭文作爲祭奠死者而寫的文章,是在人死葬後於靈前誦讀,或者是死者生忌周年或每年忌日發表的悼念文章。祭文的內容主要包括有:於什麼時候,由誰來祭,祭誰;頌揚被祭者生前的優點和功德;最後結束語。……祭文開頭習慣以'維'字開頭,占整一行。'維'是助詞,作發語詞用,無實際意義。緊接'維'字,第二行言明吊唁的時間及祭誰,誰來祭。"萬建中:《中國歷代葬禮》,第214頁。

③ 孫作雲:《中國古代鳥氏族諸酋長考》,載杜正勝編:《中國上古史論文選集》,華世出版社,1979年,第407—447頁。

④ 張光直:《中國青銅時代》(第二集),三聯書店,1990年,第55—57頁。

　　由此,將"隹(惟)"字用作句首語辭,①意在渴求圖騰祖先的庇護與保佑。當然,圖騰崇拜的本來目的,其實是被統治者所利用,以宣揚天命論,鞏固自己的統治。②

　　2. 鳥形銘文

　　除商周金文中的"隹(惟)"字外,《三代吉金文存》中有一件"玄鳥婦壺",亦爲鳥圖騰遺迹之良例。商代銅器"玄鳥婦壺",其上有"玄鳥婦"三字合文(圖1),乃商代金文中保留先世玄鳥圖騰的殘餘。③ 其與甲骨文中王亥之鳥形書體,同爲研究商人鳥圖騰的珍貴資料。④

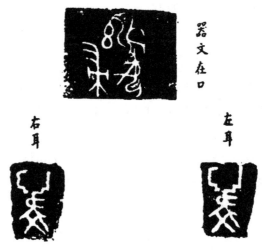

圖 1　"玄鳥婦壺"的銘文

---

　　① 　除"隹(惟)"字外,商代甲骨卜辭中常用作句首語辭之例,亦有"甴(惟)""叀(惟)"字。不過,"甴(惟)""叀(惟)"字的最初造意,尚待研究。

　　② 　胡厚宣:《甲骨文所見商族鳥圖騰的新證據》,《文物》1977 年第 2 期,第 87 頁。

　　③ 　于省吾:《略論圖騰與宗教起源和夏商圖騰》,《歷史研究》1959 年第 11 期,第 67 頁。其云:"'玄鳥婦'三字係合書,玄字作'8',金文習見,右側鳥形象雙翅展飛。容庚先生《鳥書考》謂'玄鳥婦壺'爲'鳥篆之祖',他從鳥書起源這一角度來看,有他獨到的見解。但所謂鳥篆者,是於每字之旁附加鳥形爲文飾以圖美觀,開始於春秋後期,從戰國末季以迄西漢的璽印中,還有把每個字中的某些點畫變作鳥形者。可是,鳥篆既不見於春秋早期,也不見於西周,更無由出現於商代了,我以爲'玄鳥婦'三字合文是研究商人圖騰的唯一珍貴史料,係商代金文中所保留下來的先世玄鳥圖騰的殘餘。"

　　④ 　石興邦:《我國東方沿海和東南地區古代文化中鳥類圖像與鳥祖崇拜的有關問題》,載田昌五、石興邦主編:《中國原始文化論集——紀念尹達八十誕辰》,第 247 頁。

據于省吾考證,其云:

　　壺銘既爲"玄鳥婦"三字合文,它的含義,是作壺者係以玄鳥爲圖騰的婦人。再就壺的形制環瑋和紋飾精美考之,可以判定此婦既爲簡狄的後裔,又屬商代的貴族,"玄鳥婦壺"係商代晚期銅器,其合文格式,與商代晚期金文上限相銜接的中期卜辭的合文中,可以找出同樣的例子。第三期卜辭"辛亥貞"三字合文作 𩰼(後下三四.六)。其讀法自左而右而下,不僅同爲三字合文,並且讀法也一樣。"玄鳥婦"三字合文,宛然是一幅具體的圖繪文字,它象徵着作壺的貴族婦人係玄鳥圖騰的後裔是很顯明的。[1]

據于省吾的考證不難得知,"玄鳥婦"三字,無疑是商人先世玄鳥圖騰的殘餘。

　　此外,葛治功亦在《試述我國古代圖騰制度的遺痕在商周青銅器上的表現》一文中,集述《續殷文存》中有鳥形圖紋的銅器二十九件,包含鼎、簋、尊、卣、斝、罍、觶、爵等器物,銘文之首多冠以鳥形圖像(圖 2),認爲是

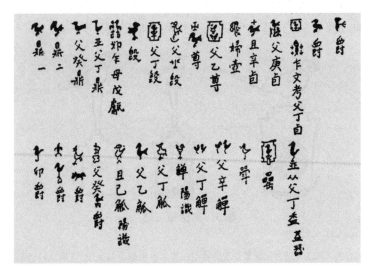

圖 2　冠以鳥形圖像的銘文

---

① 　于省吾:《略論圖騰與宗教起源和夏商圖騰》,《歷史研究》1959 年第 11 期,第 67 頁。

鳥圖騰的孑遺。不寧唯是，西周初期的青銅器上亦不乏此例，其乃商族留下的傳統文化。[①]

3. 銅器紋飾所見之鳥圖騰

中國古代青銅器上的紋飾，始於二里頭文化期，最早出現在容器上的紋飾，乃實心的連珠紋。不僅如此，人們還發現兩件兵器，其中有一件戈的内部飾有仿玉器牙璋形式，另有一戈爲簡單的變形動物紋。此後，中國青銅器的紋飾，逐漸以動物紋爲主要内容，且在中原地區，青銅器的動物紋皆以圖案變形的式樣來表現。[②]

商代青銅器上的獸面紋或各種動物紋的形象，可追溯至荒古的時代，此類紋飾選擇、融合、繼承且發展了商代之前的許多文化，呈現新的面貌。

鳥紋出現的時期甚早，新石器時代的彩陶上已可見之，藏於美國華盛頓弗利爾美術館的三件良渚文化玉璧上，亦刻有鳥立於山上之形（圖3），包括由人與鳥組合的“人鳥合體紋”“雙鳥紋”“鳳鳥紋”等，皆以鳥爲裝飾主題。就圖像學角度而言，此種鳥紋裝飾，均有神秘的寓意與象徵。這些圖騰符號或部族徽誌，非常明顯爲商代鳥紋的前身。[③]

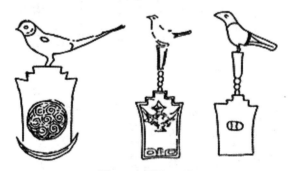

圖3　鳥圖像玉璧

① 葛治功：《試述我國古代圖騰制度的遺痕在商周青銅器上的表現》，《南京博物院集刊》1983年第6期，第47—49頁。

② 馬承源主編：《中國青銅器》，上海古籍出版社，1988年，第322—356頁。

③ 鄭愛蘭：《商周宗教與藝術所反映的社會政治心態之研究——從器物圖像之“物”看上古巫術與宗教的意識形態》，第76—79頁。

　　至於殷商時代,早中期的青銅器中,不多見以鳥爲裝飾主題的紋飾。[①] 即使如此,商代青銅器上的鳥紋裝飾,應爲古代圖騰崇拜物的模寫。換言之,於"巫教的黄金時代",殷人仍保留此種原始圖騰神物崇拜的特色,並用之於銅器裝飾上。[②]

　　而且,商代青銅器上的鳥紋裝飾多爲"鳳鳥紋",[③]其形狀與甲骨文中的"鳳(　、　、　、　、　、　、　)"字頗爲類似。[④] 傳説中的玄鳥即爲鳳凰,[⑤]與商代的鳥圖騰崇拜極其相關。[⑥]

　　商代青銅器上,早中期雖已有變形的鳥紋,但常布置在紋飾中次要的

　　① 馬承源主編:《中國青銅器》,第 331—333 頁。
　　② 葛治功:《試述我國古代圖騰制度的遺痕在商周青銅器上的表現》,《南京博物院集刊》1983年第 6 期,第 47—49 頁。
　　③ 同上。
　　④ 馬承源主編:《中國青銅器》,第 331 頁。對於甲骨文中的"鳳"字形狀,許進雄解釋:"甲骨文的鳳(　)字作某種鳥的象形。此鳥頭上有羽冠,長尾,尾上且有花紋。爲要表現其美麗的形象,卜辭的鳳字都畫得很詳細。但是此字在卜辭並不作爲某種鳥類講,而是假借爲風字。從字形看,鳳很可能是依孔雀或其他形似的鳥類寫生。"許進雄:《中國古代社會——文字與人類學的透視》(修訂本),第 628 頁。
　　⑤ 有關玄鳥爲鳳凰的主張,陳夢家云:"且所謂'皇'者鳳皇也,《舞師》《樂師》'皇舞'、《掌次》'皇邸'、《王制》'皇而祭',鄭玄皆讀爲鳳皇之皇,是商人之始妣以鳳皇名,與商人始祖生于玄鳥之事切合;《説文》'燕,玄鳥也''鸑,鳥也,其雌皇,一曰鳳皇也',《爾雅》'鸑,鳳,其雌皇';案金文燕國之'燕'假'匽'爲之,是鸑即燕,燕即玄鳥即鳳,其雌曰皇;是玄鳥之遺卵而簡狄吞之,乃雄鳳遺卵而雌皇吞之,而簡狄當即是皇。……竊疑吞玄鳥卵之簡狄也是鳳皇的別名:《南山經》説鳳皇狀如鷄而五彩,今案卜辭鳳字正象鷄形,有冠長尾,與卜辭鳴(鳴象鷄鳴)字僅大小之別,實爲同類;簡狄《淮南·地形》'有娀在不周之北,長女簡翟,少女建疵',《帝王世紀》亦作簡翟,……;鵜翟又名天鷄,亦猶鳳皇一名玄鳥,玄鳥者天鳥也。古音'簡'與'翰'、'狄'與'翟'完全相同,是簡狄乃鵜翟之轉音,鵜翟是五彩而文的天鷄,其實即是鳳皇,故商之初世有鳳皇遺卵而生始祖之事,故始妣名曰皇,又名曰鵜翟。"陳夢家:《商代的神話與巫術》,《燕京學報》1936 年第 20 期,第 529 頁。
　　⑥ 葛治功:《試述我國古代圖騰制度的遺痕在商周青銅器上的表現》,《南京博物院集刊》1983年第 6 期,第 47—49 頁。另見於鄭愛蘭:《商周宗教與藝術所反映的社會政治心態之研究——從器物圖像之"物"看上古巫術與宗教的意識形態》,第 76—79 頁。此外,關於鳳鳥紋與殷商圖騰的問題,聞一多曾提重要的見解,其云:"就最早的意義説,龍與鳳代表着我們古代民族中最基本的兩個單元——夏民族與殷民族,因爲在'鯀死,……化爲黄能,是用出禹'和'天命玄鳥(即鳳),降而生商'兩個神話中,我們依稀看出,龍是原始夏人的圖騰,鳳是原始殷人的圖騰(我説原始夏人和原始殷人,因爲歷史上夏、殷兩個朝代,已經離開圖騰文化時期很遠,而所謂圖騰者,乃是遠在夏代和殷代以前的夏人和殷人的一種制度兼信仰。)因之把龍、鳳當作我們民族發祥和文化肇端的象徵,可説是再恰當没有了。……圖騰式的民族社會早已變成了國家,而封建王國又早已變成了大一統的帝國,這時一個圖騰生物已經不是全體族員的共同祖先,而只是最高統治者一姓的祖先,所以我們記憶中的龍、鳳,只是帝王與后妃的符瑞,和他們及她們宫室輿服的裝飾'母題',一言以蔽之,它們只是'帝德'與'天威'的標記。"聞一多:《聞一多全集》(第一册)"神話與詩·龍鳳",三聯書店,1982 年,第 69—70 頁。

背襯地位,因此"四羊方尊"上的鳳鳥紋與"鳳紋方尊"上的紋飾,爲殷墟晚期前段頗爲罕見之紋飾。殷墟晚期"獸面紋斝"的雙柱,則爲透雕花冠垂背的主體鳳形。至於商末周初,及西周中期昭、穆之時,青銅器紋飾中鳳鳥紋的大量出現,[①]可視爲商代文化的孑遺。[②]

商代青銅器上的鳥形紋飾,因古時圖騰形象多刻繪在木器上,故富有木雕藝術的特徵,模仿木器而作。[③] 由於裝飾構圖不同,且器物部位(柄或罐肩)及刻繪方式不同(鏤孔或壓印),故呈現出不同神態。換言之,形象逼真的鳥紋形態,開始逐漸演變出複綫交織的各種圖案花紋。[④]

---

① 馬承源主編:《中國青銅器》,第 331—333 頁。

② 葛治功:《試述我國古代圖騰制度的遺痕在商周青銅器上的表現》,《南京博物院集刊》1983年第 6 期,第 47—49 頁。

③ 石興邦:《我國東方沿海和東南地區古代文化中鳥類圖像與鳥祖崇拜的有關問題》,載田昌五、石興邦主編:《中國原始文化論集——紀念尹達八十誕辰》,第 261 頁。

④ 同上,第 262 頁。

第三章　盟書材料

第一節　盟書材料所見的巫術活動小考[*]

先秦時期，占卜使用的範圍大概爲祭祀、征伐、生子、喪葬、建築、婚姻、命官、行止、氣候、田獵農作、犧牲、夢占、占星、疾病等多方面。[①] 或卜於龜，或以蓍施占，諸法紛陳，不一而定。此類占卜行爲，均爲巫者相當重要的職事。

古人相信巫者能爲祝詛之事，巫者不僅能解除人之災禍，還能以其術害人，學術術語稱爲"黑巫術""凶巫術"，[②] 在制敵、制人、作弄敵對者時，便施行此法。

古人對祝詛盟誓巫術十分重視，巫者在占卜、盟誓、詛咒、放蠱毒人等巫術活動中擔任重要職責。本節主要以三晋盟書材料所見的巫者與占卜活動、祝詛盟誓巫術爲主，結合傳統文獻與出土文獻、考古學報告等相互印證，進行考察和討論。[③]

　＊　本文原收録於(韓國)《中國學論叢》2019 年第 65 輯，第 1—18 頁。亦可參見趙容俊：《殷商甲骨卜辭所見之巫術》(增訂本)，第 251—260 頁。

　①　王宇信、楊升南主編：《甲骨學一百年》，社會科學文獻出版社，1999 年，第 204 頁。另見梁釗韜：《中國古代巫術——宗教的起源和發展》，中山大學出版社，1999 年，第 90 頁。

　②　對人有害的巫術，即企圖使人生病、死亡，或使之遭遇災難的法術，則稱之爲"黑巫術(Black Magic)"或"凶巫術"。參見謝康：《中國古代巫術文化及其社會功能》，《中華文化復興月刊》1976 年第 9 卷第 1 期，第 40—50 頁；第 9 卷第 2 期，第 32—40 頁。另見宋兆麟：《巫與巫術》，第 235—242 頁。此種黑巫術，又稱凶巫術、惡意巫術，如禁人、詛咒、放蠱、下毒等，皆基於造禍於人。此種巫術執行一種在技術上可能的行動，而使對方蒙受一定的惡果，往往危害個人、家庭或社會的利益，故使人望而生畏。

　③　除三晋盟書材料所見的巫術特徵外，中國歷代巫術的不同特色的內容可參見趙容俊：《殷商甲骨卜辭所見之巫術》(增訂本)，中華書局，2011 年，第 284—286 頁。亦可參考趙容俊：《殷商甲骨卜辭所見之巫術》，文津出版社，2003 年，第 285—351 頁。

一、盟書材料的簡介

茲録本文主要運用的三晉盟書材料於下。

1965～1966年間,山西省侯馬市秦村以西發現的春秋末期(公元前495年)盟誓遺址中,出土侯馬盟書五千餘片,其中文字可辨認的六百餘片。此遺址東西長約70米,南北寬約55米,共發現豎坑四百餘處,目前已發掘三百二十六處。①

1979年始,河南省溫縣武德鎮公社西張計大隊又出土春秋末期(公元前497年)的溫縣盟書,與“沁陽盟書”十一片同處。此溫縣盟誓遺址,平面近正方形,南北長1720～1780米,寬1471～1680米,共發現一百二十四個土坑,其中十六土坑出土書寫盟辭的石片。②

其中侯馬盟書的文字,一般寫於玉片上,或在圭、璋、璜及不規則形的石片之上,且多數以毛筆朱書,少數爲墨書。此侯馬盟書,可分爲六類,即“宗盟類”“委質類”“納室類”“詛咒類”“卜筮類”“其它”等。其主要内容,爲表示盡心以事其主,不作背叛等事,事涉晋末趙、中行、范氏之間的權利爭鬥。③ 主盟者爲當時趙氏宗主,即晋國六卿之一的趙孟,也就是趙鞅,又稱趙簡子,爲戰國時代趙國基業的開創者。④

溫縣盟書的文字,一般寫於石圭與石簡上,以毛筆墨書。由於出自多人手筆,字體風格迥異。其主要内容,基本與侯馬盟書相同,表示盡心以事其主,不作背叛等事,但事涉尚未分晋的韓、趙、魏三家之間的盟誓,且主盟者爲韓氏宗主的韓簡子。

此種盟書亦可稱之爲“載書”。其盟誓儀節,首先書寫盟詛之辭,然後殺牲取血,歃血爲盟,之後便舉行祭祀禱告,祈求神靈爲證。⑤ 此種盟誓

---

① 山西省文物工作委員會編:《侯馬盟書》,文物出版社,1976年,第11—24頁。亦可參考中國社會科學院考古研究所編:《中國考古學》,中國社會科學出版社,2004年,第234頁。

② 河南省文物研究所:《河南溫縣東周盟誓遺址一號坎發掘簡報》,《文物》1983年第3期,第78頁。

③ 中國社會科學院考古研究所編:《中國考古學》,第234頁。

④ 山西省文物工作委員會編:《侯馬盟書》,第2頁。

⑤ 鍾敬文主編,晁福林等著:《中國民俗史(先秦卷)》,人民出版社,2008年,第522頁。

活動,展現當時的盟詛之俗,頗具祝詛盟誓巫術的色彩。

三晋盟書材料所見巫術活動的研究,曾有若干學者參與,其研究成果亦提及相關問題。① 然而,前賢的成果仍缺乏全面系統性的深入研究,且目前仍未見單獨考察其具體特徵者。基於前賢的研究成果,筆者試對三晋盟書材料所見巫術活動進行系統討論。

二、盟書所見的各種巫術活動

(一) 巫者與占卜巫術

巫術活動的進行,主要通過巫者體現,巫者爲表演者暨執行者。巫教亦由專業巫者的出現而真正形成,②兩者有密不可分的聯繫。

古代社會生産力低下,人類無法抵禦自然,故由企圖克服自然的積極的巫術行爲,轉爲求助於渺冥不可知的自然勢力或神鬼對象,以冀得其庇佑。因此巫教將自然事物與自然力本身直接視爲有意志的對象加以崇拜,而巫者自然信仰多神,包括自然神、圖騰、萬物有靈、生育神、祖先神、社會神等。③

首先,關於巫者的文獻記錄,往往逕以男、女等字眼顯示其性別。東漢許慎的《説文解字》"巫""覡"便有記載:

　　𥐝,巫祝也。女能事無形,以舞降神者也。象人兩褒舞形,與工同意。古者,巫咸初作巫。凡巫之屬皆从巫。𥐝,古文巫。

　　𥑐,能齊肅事神明者。在男曰覡,在女曰巫。从巫見。④

---

① 其相關的研究成果,如山西省文物工作委員會編:《侯馬盟書》,文物出版社,1976 年;陳夢家:《東周盟誓與出土載書》,《考古》1966 年第 5 期,第 271—281 頁;陶正剛、王克林:《侯馬東周盟誓遺址》,《文物》1972 年第 4 期,第 27—37 頁;河南省文物研究所:《河南温縣東周盟誓遺址一號坎發掘簡報》,《文物》1983 年第 3 期,第 77—89 頁;郝本性:《從温縣盟書談中國古代盟誓制度》,《華夏考古》2002 年第 2 期,第 107—112 頁,等等。

② 本文對巫教信仰與佛、道、基督教等教團宗教不作區別,均稱之爲"巫教"。參閲趙容俊:《殷商甲骨卜辭所見之巫術》(增訂本),第 23—58 頁。

③ 見宋兆麟:《巫與巫術》,第 75—135 頁。另見張紫晨:《中國巫術》,上海三聯書店,1996 年,第 240—263 頁。又見梅益總編:《中國大百科全書(宗教)》"薩滿、薩滿教"條,中國大百科全書出版社,1988 年,第 325—328 頁。

④ (清)段玉裁注:《説文解字注》卷五上,藝文印書館,1994 年,第 203—204 頁。

據此可知,巫者確有男女之分。① 然而,甲骨文中並未見男性的覡字,先秦兩漢各種重要典籍中亦僅見少次。② 此外,檢古代典籍,均難見覡字蹤影。

雖然如此,三晋盟書的記載亦可見"巫覡"二字的蹤影,如侯馬盟書"委質類 156:20 下段"的載書中記載:

> 既質之後,而敢不咠(巫)覞(覡)〔祝〕史戲(薦)綻(說)繹(釋)之皇君斋＝(之所),則永巫(極)覞(視)之,麻(滅)蚕(夷)非(彼)是(氏)。③

此載書中所記載的"覞(覡)",應專指男巫的"覡",並可見"巫覡"二字並稱,這是先秦兩漢各種重要典籍中首次出現之例。總之,此文中的"巫覡",當指負責占卜之事的人物而言。

再次,所謂占卜,乃因各種物事之徵兆,而推斷鬼神之意欲與人事之吉凶禍福,故亦可視爲交通鬼神之事,如《荀子·王制篇·序官》云:

> 相陰陽,占祲兆,鑽龜陳卦,主攘擇五卜,知其吉凶妖祥,傴巫、跛擊之事也。④

東漢王充《論衡·是應篇》亦載:

---

① 即使如此,中國古代除特別加上男或女的字眼而分出性別外,巫亦成爲無具性別的通稱,故事鬼神的巫者無論男女皆可如此稱之。詳見趙容俊:《巫術的定義》,《宗教哲學》2005 年第 32 期,第 186—218 頁。

② 參見《國語·楚語下》云:"在男曰覡,在女曰巫。"(吳) 韋昭注:《國語》卷十八,上海古籍出版社,1992 年,第 559 頁。《荀子·正論篇》云:"出户而巫覡有事,出門而宗祀有事。"注云:"女曰巫,男曰覡。"上海古籍出版社編:《四部精要·子部》,《荀子》卷十二,上海古籍出版社,1982 年,第 425 頁。又《荀子·王制篇》云:"傴巫、跛擊之事也。"注云:"擊,讀爲'覡',男巫也。"同上,卷五,第 400 頁。又《漢書·郊祀志上》云:"在男曰覡,在女曰巫。"上海書店編:《二十五史》(第一册),《漢書》卷二十五上,上海古籍出版社,1986 年,第 118 頁。此外,1975 年末在雲夢睡虎地 M11 號墓葬發現的秦簡《日書》甲種《星》篇中,亦有覡字記載:"翼,……。生子,男爲見(覡)〔女〕爲巫。(94 正壹)"睡虎地秦墓竹簡整理小組:《睡虎地秦墓竹簡》,文物出版社,1990 年,第 191—193 頁。又 2000 年,湖北省隨州孔家坡 M8 號墓發現一批西漢景帝後元二年,即公元前 142 年的竹簡與木牘。其中《日書·星官》亦有覡字記載:"〔翼〕,……以生子,〔女〕爲巫,男爲見(覡)。(75)"湖北省文物考古研究所、隨州市考古隊合編:《隨州孔家坡漢墓簡牘》,文物出版社,2006 年,第 135—136 頁。記載男性的"覡"字在先秦兩漢的各種文獻中,僅有這幾例而已。

③ 山西省文物工作委員會編:《侯馬盟書》,第 37—39 頁。

④ 上海古籍出版社編:《四部精要·子部》,《荀子》卷五,第 400 頁。

　　巫知吉凶，占人禍福，無不然者。①

由此二文不難得知，巫者即爲從事占卜之事者。

　　三晋盟書材料中，可見“龜卜”與“筮占”兩種占卜方法並提，即卜筮並用之例。如侯馬盟書三種玉片上的“卜筮類 17：1、303：1”記録（圖 4），即可爲證。

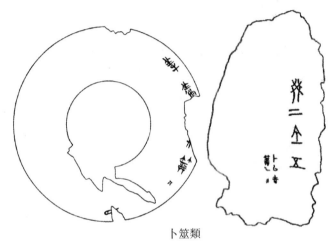

卜筮類

圖 4　侯馬盟書“卜筮類”摹本

　　此三種玉片，一作“羍（騂）羲（犧）▨ 筭（筮）▨”，一作“癸二仝（百）五”，其下小字云：“卜以吉，筭（筮）□□。”②前例即占問牲品，後例則見卜筮並用之痕迹。據此不難得知，盟誓前巫者會占卜牲品、時間、吉凶等等，故方國盟誓的占卜之事，亦當由其負責。③

（二）盟誓與祝詛巫術

　　祝詛之術，又稱詛咒、詛語、咒語、巫辭、巫術語言等，因以朗誦或歌唱的形式表達巫術語言，或在屬於其人的物件上施行祝詛巫術，故而成爲祈

---

　　① 　上海古籍出版社編：《四部精要·子部》,《論衡》卷十七，第 898 頁。
　　② 　山西省文物工作委員會編：《侯馬盟書》，第 44—47 頁。亦可參見劉國忠：《唐宋時期命理文獻初探》，黑龍江人民出版社，2009 年，第 307—314 頁。
　　③ 　參見林志鵬：《殷代巫覡活動研究》，臺灣大學中文所 2003 年碩士學位論文（指導教師：許進雄）。

求危害對方的巫術形式，包括在盟誓時自願蒙受詛咒。巫者運用祝詛巫術，以某種特殊之語言、物品、符號、符籙，乃至配合其他器物、祭祀儀式，來詛咒對方或自願蒙受詛咒。

商代的祝詛盟誓巫術，在甲骨卜辭中難以得見具體記録，故無法陳述。即使如此，甲骨文的"盟（盟）"字，因其字形爲（符號），又金文的字形爲（符號），故許進雄認爲此字乃皿中盛血，結盟時飲之以立誓之意。①

又甲骨文的"祝（符號）"字，作一人仰頭或前伸雙手，陳説祝願於神示之前之狀。② 卜辭："癸亥卜：呪（祝）于祖丁？（《小屯》3035）"其中的"呪（符號）"字，應讀爲"祝"，故知甲骨文中的"呪（咒）"與"祝"爲同字異形。③

由此觀之，商代的祝詛盟誓巫術，雖於甲骨卜辭中不易得見，但在甲骨文的"盟（盟）""祝（呪）"等字中，亦可窺見一二。

1. 先秦文獻的記載

（1）盟誓巫術

巫者所從事的祝詛盟誓之術，保留了不少晦澀的語言，加上其在某人物件上施行的祝詛巫術足以影響對方的意念，遂呈現出巨大的神秘性，於民間頗爲盛行。如《尚書·吕刑》云：

　　民興胥漸，泯泯棼棼，罔中于信，以覆詛盟。④

兩周文獻中已記載祝詛盟誓巫術流行甚廣，盛行於朝廷中等事，如《周禮·詛祝》曰：

　　詛祝：掌盟、詛、類、造、攻、説、禬、禜之祝號。作盟詛之載辭，以

---

① 許進雄：《古文諧聲字根》，臺灣商務印書館，1995年，第124頁。
② 同上，第327頁。
③ 詹鄞鑫：《心智的誤區——巫術與中國巫術文化》，上海教育出版社，2001年，第629—630頁。
④ （清）阮元校刻：《十三經注疏（附校勘記）》（上册），《尚書》卷十九，第247頁。

叙國之信用,以質邦國之劑信。①

又《周禮·司盟》亦云:

> 司盟:掌盟載之灋。凡邦國有疑會同,則掌其盟約之載,及其禮
> 儀,北面詔明神。既盟,則貳之。②

由此不難得知,周朝朝廷中,已設負責詛祝盟誓之官。

除盟誓載書儀節外,③由《詛楚文》④的“箸(著)者(諸)石章,以盟(明)
大神之威神”⑤之句亦可知,巫者將盟詛之辭上告鬼神,且作爲盟詛之監
察者。

(2) 詛咒巫術

再次,若就祝詛即詛咒巫術而言,兩周文獻中亦屢見不鮮,如《尚書·
無逸》云:

> 周公曰:“鳴呼! 我聞曰:‘古之人,猶胥訓告,胥保惠、胥教誨,民
> 無或胥譸張爲幻。’此厥不聽,人乃訓之,乃變亂先王之正刑,至于小
> 大。民否則厥心違怨,否則厥口詛祝。”⑥

孔穎達疏:

> 詛祝,謂告神明令加殃咎也。以言告神謂之祝,請神加殃謂
> 之詛。⑦

---

① (清) 阮元校刻:《十三經注疏(附校勘記)》(上册),《周禮》卷二十六,第 816 頁。
② 同上,《周禮》卷三十六,第 881 頁。
③ 若視盟誓載書的基本儀節,如《周禮·司盟》:“司盟:掌盟載之灋。”鄭玄注云:“載,盟辭也。
盟者書其辭於策,殺牲取血,坎其牲,加書於上而埋之,謂之載書。”同上。除前引《周禮·司盟》的記
載外,有關諸侯相會時舉行的盟誓儀節,如《説文解字》“盟(盟)”亦云:“盟,《周禮》曰:‘國有疑則盟。’
諸侯再相與會,十二歲一盟。北面詔天之司慎司命。盟,殺牲歃血,朱盤玉敦,以立牛耳。從囧從血。
盟,篆文從朙。盟,古文從明。”(清) 段玉裁注:《説文解字注》卷七上,第 317—318 頁。
④ 對於《詛楚文》寫成的背景,楊寬在《戰國史》書中曾提及:“當秦惠文王更元十二年(公元前
三一三年)秦、楚初次大戰前,秦王曾使宗祝在巫咸和大沈厥湫兩個神前,舉行這樣咒詛楚王的祭禮,
北宋出土的《詛楚文》石刻,就是當時宗祝奉命所作,把楚王咒詛得如同商紂一樣的暴虐殘忍,請天神
加以懲罰,從而‘克劑楚師’。”楊寬:《戰國史》(增訂本),上海人民出版社,1998 年,第 543 頁。
⑤ 見郭沫若:《石鼓文研究——詛楚文考釋》,科學出版社,1982 年,第 298 頁。
⑥ (清) 阮元校刻:《十三經注疏(附校勘記)》(上册),《尚書》卷十六,第 222—223 頁。
⑦ 同上。

又《左傳》昭公二十年記載晏子力諫於齊景公免殺祝、史之事：

〔晏子對曰：〕“民人苦病，夫婦皆詛。祝有益也，詛亦有損。聊、攝以東，姑、尤以西，其爲人也多矣！雖其善祝，豈能勝億兆人之詛？君若欲誅於祝、史，脩德而後可。”①

晏子認爲，當時百姓對暴虐君主的詛咒，具有相當大的作用。②

此外，古人將一切疾病與災殃，皆認爲是惡鬼作祟或神靈懲罰的結果，而巫者能以法術驅除纏身的惡鬼，以排難解憂脫離其桎梏。用詛咒法被禳山川邪鬼作祟的癘疫與災殃，③乃巫者的一種祝詛法術。

出土文獻中此種巫者施行的詛咒法術，亦不乏得見。如 1975 年末，雲夢睡虎地 M11 號墓葬發現的秦簡《日書》中，便有記載：④

詰：一室中臥者眛也，不可以居，是鼂鬼居之。取桃枱〈桍〉檽四隅中央，以牡棘刀刊其宮藪（牆），譯（呼）之曰：“復，疾趣（趨）出。今日不出，以牡〔棘〕刀皮而衣。”則毋（無）央（殃）矣。（《日書》甲種簡 24 背叁—26 背叁）⑤

出邦門：行到邦門困（閫），禹步三，勉壹步，譯（呼）：“皋，敢告曰：某行毋（無）咎，先爲禹除道。”即五畫地，抯其畫中央土而懷之。（《日書》甲種簡 111 背—112 背）⑥

出邦門：〔出〕邦門，可□行□□禹符，左行，置，右環（還），曰：

---

①　（清）阮元校刻：《十三經注疏（附校勘記）》（下册），《左傳》卷四十九，第 2093 頁。

②　除《左傳》昭公二十年的記載外，晏子的此種多人詛咒具有相當巨大的作用的見解，如《晏子春秋·内篇諫上》中亦可見之：“今自聊、攝以東，姑、尤以西者，此其人民衆矣，百姓之咎怨誹謗，詛君于上帝者多矣。一國詛，兩人祝，雖善祝者不能勝也。”吳則虞編：《晏子春秋集釋》（上册）卷一，中華書局，1962 年，第 43—46 頁。

③　有關巫者用詛咒法被禳山川邪鬼作祟的事實，如《說苑·辨物》便有記載：“扁鵲曰：‘人言鄭醫秦越人能活太子。’中庶子難之曰：‘吾聞上古之爲醫者曰：苗父。苗父之爲醫也，以菅爲席，以芻爲狗，北面而祝，發十言耳。諸扶而來者，舉而來者，皆平復如故。子之方能如此乎？’扁鵲曰：‘不能。’”（漢）劉向撰，向宗魯校證：《說苑校證》卷十八，中華書局，1987 年，第 471 頁。

④　下列的睡虎地秦簡釋文，亦可參考陳偉主編的《秦簡牘合集（壹）睡虎地秦墓簡牘》的重新隸定與考釋。陳偉主編，武漢大學簡帛研究中心、湖北省博物館、湖北省文物考古研究所編：《秦簡牘合集（壹）睡虎地秦墓簡牘》，武漢大學出版社，2014 年。

⑤　睡虎地秦墓竹簡整理小組編：《睡虎地秦墓竹簡》，第 214 頁。

⑥　同上，第 223—224 頁。

“□□□□。”右環（還），曰：“行邦□令行。”投符地，禹步三，曰：“皋，
敢告□……上下□□。”□□符，上車毋顧。（《日書》乙種簡 102
叁—107 貳）①

“詰”猶禁也，“皮”猶剝也，“勉壹步”猶進一步。可見睡虎地秦簡《日書》中
已有巫者施行詛咒法術的内容。②

2. 三晋盟書的記載

（1）盟誓巫術

　　若就三晋盟書材料所記載的盟誓活動而言，如侯馬盟書“宗盟類一
16：3”的載書中記載：

　　　　十又（有）一月甲寅朏，乙丑，敢用元牡告丕顯皇君晋公□，□余
　　不敢惕丝（兹）□□□憲（審）定宫、平時之命，女（汝）嘉之明，□夫＝
　　（大夫）□夫＝（大夫）□之□丝（兹）以口□，不帥從章（達）書之言，
　　皇君□覸（視）之，麻（滅）壺（夷）非（彼）是（氏）。③

此篇文辭多已殘脱，或漫漶不清，但仍能見之與侯馬盟書其他篇章的格
式、文句、性質頗爲不同，故郭沫若以此篇爲總序。④ 總之，由此文便可瞭
解晋陽趙氏宗族内部的盟誓活動的内容。⑤

　　此外，如此的三晋盟書材料所記載的盟誓活動，由如上引之《詛楚文》
的“箸（著）者（諸）石章，以盟（明）大神之威神”之句可知，巫者將盟詛之辭
上告鬼神，且作爲盟詛之監察者。此事在侯馬盟書“委質類 156：20 下

---

① 　睡虎地秦墓竹簡整理小組編：《睡虎地秦墓竹簡》，第 240 頁。
② 　（日）工藤元男著，廣瀬薫雄、曹峰合譯：《睡虎地秦簡所見秦代國家與社會》“禁咒的形式”，
上海古籍出版社，2010 年，第 246—248 頁。此外，此種巫者施行的詛咒法術，如在 1973 年長沙馬王
堆第 3 號漢墓中發現的馬王堆帛書《五十二病方》篇中亦屢見不鮮，詳見第五章討論。
③ 　山西省文物工作委員會編：《侯馬盟書》，第 33 頁。此篇盟書的釋文，可參見葉修成：《論先
秦“誓”體及其契約精神》，《北京社會科學》2016 年第 8 期，第 44 頁。
④ 　郭沫若：《侯馬盟書試探》，《文物》1966 年第 2 期，第 4—6 頁。
⑤ 　對於此篇盟書的内容，《侯馬盟書及其發掘與整理》中便有解説：“這一類盟辭强調要奉事宗
廟祭祀（‘事其宗’）和守護宗廟（‘守二宫’）；反映了主盟人趙鞅（‘趙孟’）爲加强晋陽趙氏宗族的内部
團結，以求一致對敵而舉行盟誓的情況。這一類中又可分爲六種：單有一篇追述‘受命’，並載有干
支記日和月象的盟書（十六：三），相當於舉行某次宗盟類盟誓的序篇，爲‘宗盟類一’。”山西省文物
工作委員會編：《侯馬盟書》，第 11—12 頁。

段"的載書中便有記載：

> 既質之後，而敢不啙（巫）覡（覞）〔祝〕史薦（薦）敚（說）繹（釋）
> 之皇君斎＝（之所），則永亟（極）覘（視）之，麻（滅）墨（夷）非（彼）
> 是（氏）。①

**圖5　温縣盟書(T1
坎1：2182)摹本**

此盟書的大意，乃是向巫、覡、祝、史薦盟辭，以獻祭於
晋君宗廟，否則自願蒙受詛咒，即丕顯的晋國神靈，將
仔細審察，便絕子絕孫。② 據此亦不難得知，巫覡祝史
所薦的"敚（說）繹（釋）"即盟辭，其盟書之陳告必能溝
通人神意旨，巫者負責將盟詛之辭上告鬼神。③

　　由此觀之，除民間外，盟誓巫術亦盛行於朝廷、貴
族社會中。巫者將盟詛之辭上告鬼神，並扮演盟詛之
監察者的角色。

　　（2）詛咒巫術

　　再次，若就三晋盟書材料所記載的祝詛即詛咒巫
術活動而言，如在温縣盟書 T1 坎 1：2182 出土的載
書中（圖5），便有其内容：

> 十五年十二月乙未朔，辛酉，自今台（以）坒
> （往），鄅朔敢不憖（歆）憖（歆）焉中（忠）心事其宝
> （主），而與賊為徒者，丕顯晋公大冢，憲（諦）悳
> （巫）覘（視）女（汝），麻（滅）墨（夷）非（彼）是
> （氏）。④

上引盟誓辭文的大意，乃是今後忠心服侍主君，若與

---

① 山西省文物工作委員會編：《侯馬盟書》，第37—38頁。
② 河南省文物研究所：《河南温縣東周盟誓遺址一號坎發掘簡報》，《文物》1983年第3期，第
79—81頁。
③ 參見林志鵬：《殷代巫覡活動研究》，第327—328頁。
④ 河南省文物研究所：《河南温縣東周盟誓遺址一號坎發掘簡報》，《文物》1983年第3期，第
79—81頁。

亂臣爲友,丕顯的晋國神靈,將仔細審察,使絶子絶孫。

又侯馬盟書"納室類 67：6"的載書中,亦有此種詛咒巫術:

> ⊠自今台(以)坒(往),敢不迖(率)從此明(盟)質之言,而尚敢或内(納)室者,而或婚(聞)宗人兄弟或内(納)室者,而弗執弗獻,不(丕)顯晋公大冢(冢),明億(巫)覡(視)之,麻(滅)叄(夷)非(彼)是(氏)。[①]

此篇文辭中,參盟人發誓自己不擴大奴隸單位,反對並聲討宗族兄弟的"納室"行爲,否則肯受神靈降災。尤其由"麻(滅)叄(夷)非(彼)是(氏)"句可知,此種盟書辭文,屬於詛咒巫術之類。

中國巫術傳統上,又有較爲神秘且令人懼怕的一種,即放蠱毒人之術。如《説文解字》"蠱":"蠱,腹中蟲也。《春秋傳》曰:'皿蟲爲蠱。'晦淫之所生也。梟磔死之鬼,亦爲蠱。从蟲,从皿。皿,物之用也。"[②]段玉裁注云:"蠱,以鬼物飲食害人。"[③]此種放蠱毒人之術,文獻中多見之。例如商代甲骨文中的"蠱(蠱、蠱、蠱)"字作皿中畜有諸多小蟲之狀。[④] 與後世傳説的畜蠱之法,並無二致,此種畜蠱之習俗,由來久矣。[⑤] 在侯馬盟書"詛咒類一 105：1"的載書中,亦可見之:

> 卹之韓子所不⊠奉⊠⊠宗,而敢⊠之⊠俞出内于中行寅⊠之所,⊠明⊠卑不⊠⊠⊠⊠⊠⊠所,敢行⊠⊠蠱⊠利于⊠。[⑥]

此處的"蠱",乃詛咒别人欲其蒙受疾病、災害的一種放蠱巫術。[⑦]

由此觀之,除民間外,祝詛巫術亦盛行於朝廷與貴族社會中。三晋盟書的材料已可爲證。

---

① 山西省文物工作委員會編:《侯馬盟書》,第 40 頁。此篇盟書的釋文,可參見葉修成:《論先秦"誓"體及其契約精神》,《北京社會科學》2016 年第 8 期,第 44 頁。
② (清)段玉裁注:《説文解字注》卷十三下,第 683 頁。
③ 同上。
④ 許進雄:《中國古代社會——文字與人類學的透視》(修訂本),第 500 頁。此外,有關商代甲骨卜辭所見之放蠱毒人之術,可參閱趙容俊:《殷商甲骨卜辭所見之巫》(增訂本),第 251—260 頁。
⑤ 詹鄞鑫:《心智的誤區——巫術與中國巫術文化》,第 644—646 頁。
⑥ 山西省文物工作委員會編:《侯馬盟書》,第 41 頁。
⑦ 同上,第 42 頁。

第四章　簡　牘　材　料

第一節　清華簡所見的陰陽
五行觀念小考*

　　春秋戰國百家爭鳴，是中國歷史上學術思想空前活躍的時代。陰陽五行學説，最初爲戰國末期五行家鄒衍極力提倡，其論述終始五德之運，主張五行爲五德論，於是五行玄學漸次流行於各派思想中。[①] 與此同時，燕齊出現的神仙方士亦吸收前朝之陰陽五行觀念。

　　陰陽五行學説，乃中國古代解釋自然界陰陽兩種物質對立及相互消長的理論根據，亦爲説明世界萬物起源與多樣性的哲學概念依據。可分爲陰陽説與五行説，兩者相輔相成，五行説必合陰陽，陰陽説必兼五行。陰陽説認爲陰陽乃兩種相對的天地萬物的泉源物質；五行説則將自然界木、火、土、金、水五種物質視爲構成宇宙萬物及各種自然現象變化的基礎。

　　早期的陰陽五行觀念，與巫術信仰交織一繫。[②] 這種陰陽五行觀念，除了對巫教巫醫、巫歌巫舞、巫樂巫戲，以及禁忌、占卜、堪輿、相命、兆驗、

---

　　* 本文原收録於(韓國)《東洋古典研究》2019 年第 74 輯，第 65—96 頁。

　　① 參見楊寬：《戰國史》(增訂本)，上海人民出版社，1998 年，第 578—592 頁。

　　② 有關早期陰陽觀念與中國古代巫術密切關係的文獻記録，如《荀子·王制篇》云："相陰陽，占祲兆，鑽龜陳卦，主攘擇五卜，知其吉凶妖祥，傴巫、跛擊之事也。"有關早期五行觀念與中國古代巫術密切關係的文獻記録，如《莊子·天運》云："巫咸袑曰：'來！吾語女。天有六極、五常，帝王順之則治，逆之則凶。'"黃錦鋐注："巫咸，古代神巫，殷中宗相，袑是他的名。……六極是上下四方，也叫六合。五常也叫五性，這裏作五行講。謂五行相生相剋，自然運行在六合之中。"黃錦鋐注譯：《新譯莊子讀本》，三民書局，1997 年，第 179—191 頁。

讖緯、符咒等諸多巫術活動產生深廣的影響外，還滲透到了文學藝術、民間宗教、宗法制度、傳統醫學、飲食器用、天文曆法、教育經濟、法律哲學、音樂舞蹈、美術工藝、繪畫戲曲等精神與物質生產的各種方面。[1] 陰陽五行觀念在中國文化形態的構成中，具有不容忽視的地位。

本節以已整理刊行的《清華大學藏戰國竹簡》（壹）～（玖）材料所見的陰陽五行觀念爲主，將其與各種傳統文獻及出土文獻互證。

清華簡《保訓》《管仲》兩篇中的“陰陽”一詞，皆受春秋戰國時期陰陽家的影響，具有巫術性的占測陰陽變化的内涵。《筮法》與《八氣五味五祀五行之屬》篇中所見之五行觀念，雖細故尚異，但已具有現行的五行循環次第的性質，可見戰國中晚期，現行的五行觀念已基本定型。

一、先秦的陰陽五行觀念

（一）先秦傳統文獻的記載

1. 陰陽觀念的記載

陰陽思想的原理，即以“陰陽”之消息解釋天地萬物的生成與變化，爲中國古代先哲思維活動中最富有哲學涵義的理論構想。“陰陽”此名，極早便産生，《禮記·禮運》中便有記錄：

> 是故夫禮，必本於大一，分而爲天地，轉而爲陰陽，變而爲四時，列而爲鬼神，其降曰命。[2]

又《老子·四十二章》亦云：

> 道生一，一生二，二生三，三生萬物，萬物負陰而抱陽，冲氣以

---

[1] 詳見趙容俊：《殷商甲骨卜辭所見之巫術》（增訂本），中華書局，2011年，第322—325頁。亦可參見趙容俊：《早期中國醫學與陰陽五行思想考察》，（韓國）《民族文化論叢》2012年第52輯，第724—756頁。

[2] （清）阮元校刻：《十三經注疏（附校勘記）》（下册），《禮記》卷二十二，中華書局，1980年，第1426頁。

爲和。①

《周易·繫辭上》則曰：

> 一陰一陽之謂道。繼之者善也，成之者性也。……極數知來之謂占，通變之謂事，陰陽不測之謂神。②

《荀子·王制篇》謂：

> 相陰陽，占祲兆，鑽龜陳卦，主攘擇五卜，知其吉凶妖祥，傴巫、跛擊之事也。③

《呂氏春秋·仲夏紀》則云：

> 太一出兩儀，兩儀出陰陽。陰陽變化，一上一下，合而成章。……萬物所出，造于太一，化于陰陽。④

又《莊子·則陽》亦云：

> 〔大公調曰：〕"是故天地者，形之大者也；陰陽者，氣之大者也；道者爲之公。"⑤

由上引幾例可知，先秦時期各種傳統文獻的記載中，"陰陽"一詞較爲常見。尤其是戰國末期，如鄒衍之輩，極力提倡陰陽變異之學。⑥ 又如前引《周易》一書基於陰陽奇偶的符號與數字寫成，在陰陽理論方面頗受重視，

---

① 余培林注譯：《新譯老子讀本》42 章，三民書局，1973 年，第 76 頁。
② (清) 阮元校刻：《十三經注疏(附校勘記)》(上册)，《周易》卷七，第 78 頁。
③ 上海古籍出版社編：《四部精要·子部》，《荀子》卷五，第 400 頁。
④ 上海古籍出版社編：《四部精要·子部》，《呂氏春秋》卷五，第 566 頁。
⑤ (清) 王先謙、劉武撰，沈嘯寰點校：《莊子集解》卷七，第 234 頁。
⑥ 《史記·孟子荀卿列傳》："其次騶衍，後孟子。騶衍睹有國者益淫侈，不能尚德，若《大雅》整之於身，施及黎庶矣。乃深觀陰陽消息而作怪迂之變，《終始》《大聖》之篇十餘萬言。其語閎大不經，必先驗小物，推而大之，至於無垠。"上海書店編：《二十五史》(第一册)，《史記》卷七十四，上海古籍出版社，1986 年，第 265 頁。又《漢書·郊祀志上》亦云："自齊威、宣時，騶子之徒論著《終始五德》之運，及秦帝而齊人奏之，故始皇采用之。而宋毋忌、正伯僑、元尚、羨門高最後，皆燕人，爲方仙道，形解銷化，依於鬼神之事。騶衍以陰陽《主運》顯於諸侯，而燕齊海上之方士傳其術不能通，然則怪迂阿諛苟合之徒自此興，不可勝數也。"上海書店編：《二十五史》(第一册)，《漢書》卷二十五，第 119 頁。騶衍者，出生於齊威王、宣王之時(約公元前 305—240 年)，乃戰國末期五行家的重要領袖之一。此稷下騶衍之徒，則主張五行爲五德論，且論述《終始五德》之運。

引起許多學者的關注與研究。

應注意的是,先秦時期古人特別强調順乎陰陽四時之序,即順應春生、夏長、秋收、冬藏的宇宙規律。此種順應陰陽四時變化的循環規律,沿至後世,則逐漸顯露相互對立的特點。例如山南水北爲陽,山北水南爲陰;日爲陽,月爲陰;晝爲陽,夜爲陰;天爲陽,地爲陰,乃至男女、水火、雌雄等等,皆無不具有相互對立之兩面。[①]

總之,此種陰陽觀念,常運用於其他事類,如干支、五行、人體、醫學、季候、方位、月令、律中、聲音、味、臭、色,以及所代表各種意義的帝、神、精靈等,皆統屬於陰陽系統内。

2. 五行觀念的記載

五行的基本概念,基於木、火、土、金、水五種元素相對運動,且各種自然現象依此運行,故古人認爲宇宙的一切現象皆有一定秩序,受固定的配合相容的法則所制約。

以中國古代的巫術爲例,巫者在諸種巫術中,取其同類象徵的意義互相配合運用,例如,求雨屬水,故須動陰;止雨須助火抑水,故須動陽;春祭須在東方,須以甲乙日,祭色用青等等,諸如此類,不勝枚舉。此種五行原理,於中國巫術的發展,實有莫大的影響。

若就先秦傳統文獻所見之五行觀念的記載而言,殷代甲骨文中,雖未見五行的文字,但《尚書·洪範》載周武王克商後,訪於箕子,箕子則陳述"洪範九疇":

> 一、五行,一曰水,二曰火,三曰木,四曰金,五曰土。水曰潤下,火曰炎上,木曰曲直,金曰從革,土爰稼穡。潤下作鹹,炎上作苦,曲直作酸,從革作辛,稼穡作甘。[②]

又《莊子·天運》亦云:

---

① 盧嘉錫總主編,廖育群等著:《中國科學技術史——醫學卷》,科學出版社,1998年,第59—62頁。亦可參見趙容俊:《早期中國醫學與陰陽五行思想考察》,(韓國)《民族文化論叢》2012年第52輯,第724—756頁。

② (清)阮元校刻:《十三經注疏(附校勘記)》(上册),《尚書》卷十二,第188頁。

　　　　巫咸祒曰:"來! 吾語女。天有六極、五常,帝王順之則治,逆之

則凶。"①

由此可以類推,商代可能已有五行觀念存在。②

　　不過,春秋時期之前,以木、火、土、金、水爲序的現行的五行相生相克

的次第,尚未建立。對此,李學勤《周易溯源》的《〈洪範〉卜筮考》一文

曾云:

　　　　《洪範》五行的次序,是水、火、木、金、土。我曾指出,這是由於

當時數説五行尚未按照相生相克的次第,同當時數説方向的習慣

有關。……西周人數説方向,可説東、南、西、北,也可説東、西與

南、北。……這是西周人講五行的習慣。到春秋時,如《左傳》昭

公二十九年蔡墨講五行,就是以木、火、金、水爲序,是循環

數了。③

據李學勤的研究可知,現行的五行相生相克的次第,春秋時期以後,方才

建立。

　　此種現行的五行循環次第的内容,在春秋戰國時期的文獻中不乏得

見,如《左傳》昭公二十九年記載蔡墨謂魏獻子曰:

---

①　(清)王先謙、劉武撰,沈嘯寰點校:《莊子集解》卷四,第 122 頁。

②　近人黄錦鋐注於上引《莊子・天運》云:"巫咸,古代神巫,殷中宗相,祒(祒)是他的名。……六極是上下四方,也叫六合。五常也叫五性,這裏作五行講。謂五行相生相尅,自然運行在六合之中。"黄錦鋐注譯:《新譯莊子讀本》,第 179—191 頁。此外,馮友蘭引證古籍文獻,認爲五行觀念出現於西周時期:"由於生産的發展和科學知識的進步,在西周出現了後來唯物主義哲學中的兩個重要範疇,‘五行’和‘陰陽’。在《書經》中的《甘誓》中,出現有‘五行’這個名詞。……作爲一個整篇的著作看,《洪範》可能是比較晚出的,而且也還是一種帶有宗教氣味的説教。但是其中的‘五行’的觀念可能是西周已有的素樸唯物主義的哲學觀點的萌芽。‘五行’的思想,開始發生於西周初期,還有一個證據。《尚書大傳》説:‘武王伐紂,至於商郊,停止宿夜。士卒皆歡樂達旦,前歌後舞,格於上下,咸曰:“孜孜無怠。”水火者,百姓之所飲食也;金木者,百姓之所興生也;土者,萬物之所資生,是爲人用。’這都是説,五行是對於人的生活有用的五種東西,並説出它們的具體的用處。這比《洪範》所説,又前進了一步。"馮友蘭:《中國哲學史新編》(第 1 册),藍燈文化公司,1991 年,第 76—77 頁。即使如此,顧頡剛認爲,若視五德始終説下的政治與歷史,五行説應起於戰國後期,且鄒衍爲始創者。顧頡剛:《戰國秦、漢間人的造僞與辨僞》"陰陽五行説所編排的古史系統",載顧頡剛等編:《古史辨》(第 7 册)上編,海南出版社,2005 年,第 17—20 頁。

③　李學勤:《周易溯源》,巴蜀書社,2006 年,第 27—28 頁。

故有五行之官,是謂五官,實列受氏姓,封爲上公,祀爲貴神。社稷五祀,是尊是奉。木正曰句芒,火正曰祝融,金正曰蓐收,水正曰玄冥,土正曰后土。①

《管子·四時》亦云:

東方曰星,其時曰春,其氣曰風。風生木與骨,其德喜嬴而發出節時。……南方曰日,其時曰夏,其氣曰陽。陽生火與氣,其德施舍修樂。……中央曰土,土德實輔四時,入出以風雨。節土益力,土生皮肌膚,其德和平用均,中正無私,實輔四時。……西方曰辰,其時曰秋,其氣曰陰。陰生金與甲,其德憂哀,静正嚴順,居不敢淫佚。……北方曰月,其時曰冬,其氣曰寒。寒生水與血,其德淳越,温怒周密。②

由上引二文可知,現行的五行循環次第,於春秋戰國時期已基本定型。

至於現行的五行相克的文獻記載,如《吕氏春秋·應同》:

二曰:凡帝王者之將興也,天必先見祥乎下民。黄帝之時,天先見大螾大螻。黄帝曰:“土氣勝。”土氣勝,故其色尚黄,其事則土。及禹之時,天先見草木,秋冬不殺。禹曰:“木氣勝。”木氣勝,故其色尚青,其事則木。及湯之時,天先見金刃生於水。湯曰:“金氣勝。”金氣勝,故其色尚白,其事則金。及文王之時,天先見火赤烏銜丹書集于周社。文王曰:“火氣勝。”火氣勝,故其色尚赤,其事則火。代火者必將水,天且先見水氣勝。水氣勝,故其色尚黑,其事則水。水氣至而不知,數備將徙于土。③

“大螾”一作大蚓,“其事則某”之“則”猶法也。此文記載吕不韋以五行相克論古代王朝更迭之事。可見戰國晚期五行相克的概念已基本定型。

---

① （清）阮元校刻:《十三經注疏(附校勘記)》(下册),《左傳》卷五十三,第 2123 頁。
② 黎翔鳳撰,梁運華整理:《管子校注》(中册)卷十四,中華書局,2004 年,第 842—854 頁。
③ 王利器:《吕氏春秋注疏》(第 2 册)卷十三,巴蜀書社,2002 年,第 1277—1281 頁。

依《吕氏春秋》十二紀所記的内容,鄺芷人在《陰陽五行及其體系》一書中,對於五行與各種事物分類的原則列表整理如下(表1)。[①]

表1　《吕氏春秋》十二紀之五行分類表

季節	春			夏				秋			冬		
月份	孟春	仲春	季春	孟夏	仲夏	季夏		孟秋	仲秋	季秋	孟冬	仲冬	季冬
日的位置	營室	奎	胃	畢	東井	柳		翼	角	房	尾	斗	婺女
昏時日的位置	參中	弧中	七星中	翼中	亢中	心中	中央	斗中	牽牛中	虛中	危中	東壁中	婁中
旦時日的位置	尾中	建星中	牽牛中	婺女中	危中	奎中		畢中	觜嶲中	柳中	七星中	軫中	氐中
天干	甲乙			丙丁		戊己		庚辛			壬癸		
帝	太皞			炎帝		黃帝		少皞			顓頊		
神	句芒			祝融		后土		蓐收			玄冥		
蟲	鱗			羽		倮		毛			介		
音	角			徵		宮		商			羽		
律	太簇	夾鐘	姑洗	仲呂	蕤賓	林鐘	黃鐘之宮	夷則	南呂	無射	應鐘	黃鐘	大呂
數	8			7		5		9			6		
味	酸			苦		甘		辛			鹹		
臭	羶			焦		香		腥			朽		

續　表

季節	春	夏		秋	冬
祀	戶	竈	中霤	門	行
祭	先脾	先肺	先心	先肝	先腎
節	立春	立夏		立秋	立冬
五行	木	火	土	金	水

由此可知，陰陽五行觀念及象徵原理，深遠滲透至古人的生活中。①

（二）先秦各種出土文獻的記載

根據目前的研究，商代的甲骨卜辭，以及各處出土的青銅器銘文、簡帛資料、考古遺物等材料，皆偶有提及先秦時期陰陽五行觀念的內涵，茲錄代表性材料於下。

"陰陽"一名產生極早，殷商甲骨文中的"𠂤"字，于省吾認爲是陰晴之"陰"。② 甲骨文的"𨸏"字，一般學者皆認爲是"陽"。③ 雖未見並用之例，

---

① 有關陰陽五行在中國歷史文化中的地位的討論詳見梁釗韜：《中國古代巫術——宗教的起源和發展》，中山大學出版社，1999 年，第 61—84 頁。

② 詳見于省吾主編的《甲骨文字詁林》"雀""陰"："第一期甲骨文'雀'字習見，作𠫑或𠫑，舊不識，《甲骨文編》謂'从隹从今，《説文》所無'。按雀字从𠓤，即今字的省體。今字在偏旁中多省作𠓤，詳釋会。今擇錄幾條有關㢅字甲骨文於下，並加以闡述。

一、不坐，雀？ 十一月。（《乙》九五）

二、☒徙（延）雀？（《乙》一九四）

三、戊寅，☒雀不（否）？（《乙》三五〇）

四、丙辰卜，丁子其雀印？ 允雀。（《乙》三〇七）

五、戊戌卜：其雀印？翌己㐫（啟），不見云（雲）。（《乙》四四五）

六、丁未雀。戊申卜：己㐫（啟）？允㐫（啟）。戊申卜：己其雨？ 不雨，㐫（啟），少☒。（《乙》四四九）

雀即雒字，《説文》：'雒，鳥也。从隹今聲。《春秋傳》有公子苦雒。'甲骨文以雀爲天氣陰晴之陰，不作雒鳥字用。前文所引六條的雀字如讀爲陰晴之陰，無一不合，而五、六兩條以雀與㐫對貞，更是顯明的驗證。"于省吾主編：《甲骨文字詁林》（第 2 册），中華書局，1996 年，第 1700—1701 頁。此外，對於"雀"字考釋的不同意見亦可參松丸道雄、高嶋謙一合編的《甲骨文字字釋綜覽》，東京大學出版社，1993 年，第 120 頁。如許進雄認爲其義若今之"霧"的"暈"。

③ 詳見于省吾主編：《甲骨文字詁林》（第 2 册），第 1267 頁。亦可參見松丸道雄、高嶋謙一合編：《甲骨文字字釋綜覽》，第 381 頁。

但上面之例可以證明,"陰""陽"二字在商代已出現。其後,西周中晚期的若干青銅器銘文與秦國秦駰玉版等材料中可見"陰陽"一詞,即爲南北方位之意。①

此外,有關"五行"觀念的産生,商代甲骨文中雖未盡見相關文字,但沈建華據卜辭中的"圭"字,認爲商人在執圭祭天活動時,已有五行觀念之雛形。② 此處應注意商代干支的應用問題。雖然至今尚未弄清卜辭中的干支與陰陽及五行有何關聯,但此種干支,與後起的作爲《周易》基礎的陰陽奇偶符號數字相結合,最大的運用即在占卜術法上。基於《周易》理論的算命與堪輿,由於運用此類符號與數字結合的陰陽五行觀念,較單純的龜甲卜法更爲進步。

不寧唯是,20世紀三四十年代出土於湖南長沙子彈庫楚墓中的楚國帛書,學界稱之爲"楚帛書",今分藏美國賽克勒美術館及湖南省博物館。此楚帛書寫於一件正方形的繒上,除内層《四時》《天象》的記録外,外層則分帛書四周爲十六等區,居四隅的四區分别繪有青、赤、白、黑四色木,其餘十二區則依次繪有十二月神將,月將之間便書月令章即《月忌》。③

由於楚帛書具有陰陽五行説的色彩,又有巫術占驗性的圖文性質,故爲目前發現最早的一種陰陽數術書。④ 其中《四時》篇,居右共8行3節,原無篇題,保存尚佳。兹舉其中第二節的記載爲例:

---

　　① 黄天樹:《説甲骨文中的"陰"和"陽"》,《黄天樹古文字論集》,學苑出版社,2006年,第214頁。其云:"西周中期銅器《永盂》銘文云:'賜畀師永厥田潧(陰)易(陽)洛。'(《集成》10322)……潧(陰)易(陽)洛,今陝西秦嶺南麓的洛河南北一帶。……'潧(陰)易(陽)洛'一語又見於西周晚期銅器《敔簋》(《集成》4323)銘文中,跟《永盂》所指當爲一地。……近年出土的秦駰玉版有'華大山之陰陽',指山之南北。"

　　② 香港中文大學中國文化研究所、沈建華:《從甲骨文"圭"字看殷代儀禮中的五行觀念起源》,《文物》1993年第5期,第77—79、96頁。其云:"《周禮》的祭祀制度,基本上是繼承和保留了殷代的禮儀,我們通過對'圭'字的考證,從而認識到中國五行起源與天地四方象徵的瑞玉的内在關係。過去認爲五行思想起於戰國時期,而實際上從甲骨文中看到的殷人在執圭祭天活動中,已構成五行觀念的雛形,它有待於後來五行的相配發展。"

　　③ 劉國忠:《古代帛書》,文物出版社,2004年,第13—46頁。亦可參考中國社會科學院考古研究所編:《中國考古學》,中國社會科學出版社,2004年,第491—493頁。

　　④ 參見劉國忠:《古代帛書》,第35—37頁。

倀(長)曰：青□枠(榦)，二曰：未(朱)四(?)畧(單)，三曰：翏黄難，四曰：瀶墨枠(榦)。千又(有)百歲(歲)，日月夋(允)生，九州不坪(平)，山陵備崎，四神乃乍(作)□至于遞(覆)。天旁(方)遧(動)，孜(扞)數(蔽)之青木、赤木、黄木、白木、墨(黑)木之精(精)。（第 4 行中間—第 5 行末尾）①

由此可知，楚帛書中的《四時》篇描述四時之神與四方、四色相配合，具有濃厚的陰陽五行説的色彩。

若就先秦出土簡牘材料所見之五行相生相克的文獻記載而言，首先論現行的五行循環次第，1975 年末，在雲夢睡虎地 M11 號墓葬發掘之秦簡《日書》甲種中記載：

五勝：東方木，南方火，西方金，北方水，中央土。（88 背叁—92 背貳）②

據此可知，春秋戰國時期，現行的五行循環次第，已基本建立。

1986 年發現的放馬灘秦簡《日書》乙種五行中，還記載現行的五行相生的次序：

■火生寅，壯午，老戌。

金生巳，壯酉，老丑。

水生申，壯子，老辰。

木生亥，壯卯，老未。

土〈水〉生木，木生火，火生土。

（73 貳—77 貳）③

①　參見劉國忠：《古代帛書》，第 26—27 頁。此楚帛書的釋文，亦可參考李零的隸定與考釋。李零：《中國方術正考》"楚帛書與日書：古日者之説"，中華書局，2006 年，第 153 頁。
②　睡虎地秦墓竹簡整理小組編：《睡虎地秦墓竹簡》，文物出版社，1990 年，第 223 頁。此外，本文中所引的睡虎地秦簡的全部釋文，亦可參考陳偉主編的《秦簡牘合集（壹）睡虎地秦墓簡牘》的重新隸定與考釋。陳偉主編，武漢大學簡帛研究中心、湖北省博物館、湖北省文物考古研究所編：《秦簡牘合集（壹）睡虎地秦墓簡牘》，武漢大學出版社，2014 年。
③　陳偉主編，武漢大學簡帛研究中心、甘肅簡牘博物館編：《秦簡牘合集（肆）放馬灘秦墓簡牘》，武漢大學出版社，2014 年，第 57—58 頁。

不僅如此,睡虎地秦簡《日書》中已有五行相克的内容:

五勝:金勝木,火勝金,水勝火,土勝水,木勝土。(《日書》甲種簡 83 背叁—87 背叁)①

五勝:丙丁火,火勝金。戊己土,土勝水。庚辛金,金勝木。壬癸水,水勝火。〔酉〕丑巳金,金勝木。☐。未亥〔卯木,木〕勝土。☐。辰申子水,水勝火。(《日書》乙種簡 79 貳—87 貳)②

據此可知,戰國時期,現行的五行相克次第已基本建立。

1983 年末至 1984 年初,湖北省荆州地區博物館在江陵張家山發掘的 M247 號墓中共出簡一千多枚,③其成書年代屬西漢早期。④ 其中《蓋(闔)廬》篇共五十五枚,全書共九章,敘述以五行相克之術應戰的内容:

• 蓋(闔)廬曰:"凡戰之道,何如而順,何如而逆,何如而進,何如而卻?"申胥曰:"……皮(彼)興之以金,吾擊之以火;皮(彼)興以火,吾擊之以水;皮(彼)興以水,吾擊之以土;皮(彼)興之以土,吾擊之以木;皮(彼)興以木,吾擊之以金。此用五行勝也。"(15 中間—22)⑤

此篇引述春秋晚期吳王闔廬與伍子胥之問答内容,⑥具有濃厚的兵陰陽家色彩。⑦

睡虎地秦簡《日書》甲種《病》的記載,不僅言及以時日占斷疾病,鬼神降祟的致病之因,還有强調報祭之舉等内容:

① 睡虎地秦墓竹簡整理小組編:《睡虎地秦墓竹簡》,第 223 頁。
② 同上,第 239 頁。
③ 李均明:《古代簡牘》,文物出版社,2003 年,第 96—97 頁。亦可參考張家山漢墓竹簡整理小組:《江陵張家山漢簡概述》,《文物》1985 年第 1 期,第 9 頁。
④ 張家山二四七號漢墓竹簡整理小組編:《張家山漢墓竹簡(二四七號墓)》(釋文修訂本),文物出版社,2006 年,第 1 頁。其云:"上述各種古書涉及西漢早期的律令、司法訴訟、醫學、導引、數學、軍事理論等方面,内容十分豐富,是極其重要的歷史文獻,對研究西漢社會狀況和科學技術的發達有不可估量的價值。"
⑤ 張家山二四七號漢墓竹簡整理小組編:《張家山漢墓竹簡(二四七號墓)》(釋文修訂本),第 163—164 頁。
⑥ 同上,第 161 頁。
⑦ 對於此兵陰陽家的内容,如《漢書·藝文志》便有記載:"陰陽者,順時而發,推刑德,隨斗擊,因五勝,假鬼神而爲助者也。"(漢) 班固撰,(唐) 顔師古注:《漢書》(中册)卷三十,中華書局,2005 年,第 1386 頁。

　　·**病**：甲乙有疾，父母爲祟，得之於肉，從東方來，裹以桼（漆）器。戊己病，庚有〔間〕，辛酢。若不〔酢〕，煩居東方，歲在東方，青色死。（68 正貳—69 正貳）

　　丙丁有疾，王父爲祟，得之赤肉、雄鷄、酉（酒）。庚辛病，壬有間，癸酢。若不酢，煩居南方，歲在南方，赤色死。（70 正貳—71 正貳）

　　戊己有疾，巫堪行、王母爲祟，得之於黃色索魚、菫酉（酒）。壬癸病，甲有間，乙酢。若不酢，煩居邦中，歲在西方，黃色死。（72 正貳—73 正貳）

　　庚辛有疾，外鬼傷（殤）死爲祟，得之犬肉、鮮卵白色。甲乙病，丙有間，丁酢。若不酢，煩居西方，歲在西方，白色死。（74 正貳—75 正貳）

　　壬癸有疾，母（毋）逢人，外鬼爲祟，得之於酉（酒）、脯、脩、節肉。丙丁病，戊有間，己酢。若不酢，煩居北方，歲在北方，黑色死。（76 正貳—77 正貳）①

文中的“父母”“王父”“王母”“外鬼傷（殤）死”“外鬼”等，皆爲降祟致病的鬼神。由此可知，戰國末期至秦代，古人對於各種疾病之因，仍歸咎於鬼神作祟，②並基於五行原理，以巫術之法治病，③舉行報神之祭的“酢”。④

　　楊華在《出土日書與楚地的疾病占卜》一文中，討論雲夢睡虎地秦簡《日書》甲種《病》所見的五行原理，提及醫療巫術的治病之法，並列表

---

① 睡虎地秦墓竹簡整理小組編：《睡虎地秦墓竹簡》，第 193—194 頁。
② 商代的甲骨卜辭，常見將各種疾病之因，歸咎於鬼神作祟。詳見趙容俊：《甲骨卜辭所見之巫者的醫療活動》，《史學集刊》2004 年第 3 期，第 1—9 頁。
③ 李密：《睡虎地〈日書〉病〉、〈有疾〉篇新研——自中國醫學思想史角度的再考察》，《北大史學》2011 年第 1 期，第 1—15、384 頁。
④ 關於報神之祭的“酢”，《尚書·顧命》便有記載，如“秉璋以酢”，孔安國傳云：“報祭曰酢。”唐孔穎達疏亦云：“酢訓報也，故報祭曰酢。”（清）阮元校刻：《十三經注疏（附校勘記）》（上冊），《尚書》卷十八，第 241 頁。不過也有異見，如楊華認爲乃簡之“瘥”意，可備一說。楊華：《出土日書與楚地的疾病占卜》，《武漢大學學報（人文科學版）》2003 年第 5 期，第 565—568 頁。我們認爲，結合望山楚簡、秦家嘴楚簡、葛陵楚簡所提的“賽禱”，以及包山楚簡所提的“舉（與）禱”與上博楚簡所提的“祭”“杠（攻）”“縈（禜）”“行”“祝”祭等各種楚地出土文獻的記載，可知古人罹病時，常向神靈進行祭禱，以求病愈。因此，文中的“酢”字釋爲報神之祭，更爲合理。參見趙容俊：《先秦巫者的醫療活動研究》，清華大學 2010 年博士學位論文（指導教師：李學勤），第 66—147 頁。

整理如下(表2)。①

表 2　雲夢睡虎地秦簡《日書》甲種《病》所見以五行原理治病之法

分　類	木	火	土	金	水
疾　日	甲、乙	丙、丁	戊、己	庚、辛	壬、癸
祟　源	父母	王父	王母	外鬼殤死	外鬼
病　因	肉,東方,漆器	赤肉,雄鷄,酒	黄色索魚,菫酒	犬肉,鮮卵白色	酒,脯,脩,節肉
病　日	戊、己	庚、辛	壬、癸	甲、乙	丙、丁
間　日	庚	壬	甲	丙	戊
酢　日	辛	癸	乙	丁	己
煩居方位	東方	南方	邦中	西方	北方
歲星位置	東方	南方	西方	西方	北方
死　色	青色	赤色	黄色	白色	黑色

　　由雲夢睡虎地秦簡《日書》甲種《病》可知巫者進行之占卜問病及祝由術,乃與當時流行的五行觀念基本一致。② 總之,春秋戰國時期,已基本建立現行五行生克的次第。

二、清華簡的記載

　　清華大學於 2008 年 7 月收藏一批戰國竹簡,全稱爲《清華大學藏戰國竹簡》,一般稱爲"清華簡"。經碳 14 測定證實,清華簡爲戰國中晚期文

---

① 楊華:《出土日書與楚地的疾病占卜》,《武漢大學學報(人文科學版)》2003 年第 5 期,第 566 頁。

② 楊華:《出土日書與楚地的疾病占卜》,《武漢大學學報(人文科學版)》2003 年第 5 期,第 565—568 頁。亦可參見趙容俊:《早期中國醫學與陰陽五行思想考察》,(韓國)《民族文化論叢》2012 年第 52 輯,第 724—756 頁。又可參考趙容俊:《清華簡所見的陰陽五行觀念小考》,(韓國)《東洋古典研究》2019 年第 74 輯,第 65—96 頁。

物,文字風格主要屬楚系文字。清華簡的數量共約 2500 枚(包括少數殘斷簡),在迄今發現的戰國竹簡中數量較多。清華簡在秦之前埋入地下,未經"焚書坑儒"影響,故能最大限度展現先秦古籍的原貌,有助於瞭解中國文化的初期面貌與發展脈絡。①

其主要内容有:《尚書》中的《金縢》《康誥》《顧命》《説命》等篇;類似《竹書紀年》的編年體史書;中國最早的數學出土文獻,也是世界上最早的十進制乘法表《算表》;還有本文主要討論的涉及先秦時期陰陽五行觀念的《保訓》《筮法》《管仲》《八氣五味五祀五行之屬》等篇。②

(一) 陰陽觀念的記載

清華簡所見之陰陽觀念,主要可以參見《清華大學藏戰國竹簡(壹)》中的《保訓》篇、《清華大學藏戰國竹簡(陸)》中的《管仲》篇等。

1.《保訓》篇的記載

《保訓》篇共 11 枚簡,兩道編,簡長 28.5 釐米,原無篇題,保存尚佳。③兹舉"陰陽"一詞相關之句爲例:

> 厽(厥)又(有)攷(施)于上下遠埶(邇),廼(乃)易(治)立(位)埶
> (設)詣(稽),測侌(陰)牖(陽)之勿(物),咸川(順)不諻(逆)。(5 中
> 間—6 中間)④

此篇乃周文王五十年文王對太子發的遺訓,即借帝舜之故事講述帝舜如何求取"中道"的内容。⑤

"測侌(陰)牖(陽)之勿(物)"一句,學術界對此衆説紛紜。如李學勤認爲,商代已定南北方位,周文王時亦有此意,⑥進而又提出"測度正

---

① 李學勤:《初識清華簡》,中西書局,2013 年,第 1—8 頁。
② 李學勤主編:《清華大學藏戰國竹簡》(壹)~(玖),中西書局,2010—2019 年。
③ 清華大學出土文獻研究與保護中心:《清華大學藏戰國竹簡〈保訓〉釋文》,《文物》2009 年第 6 期,第 73—75 頁。
④ 李學勤主編:《清華大學藏戰國竹簡(壹)》,中西書局,2010 年,第 142—148 頁。
⑤ 同上,第 142 頁。
⑥ 李學勤:《周文王遺言》,《光明日報》2009 年 4 月 13 日。其云:"近期首都師範大學黃天樹教授有《説甲骨文中的'陰'和'陽'》論文,論證'殷人已能定方位、辨陰陽,有了陰陽的觀念'(見《黃天樹古文字論集》),所以文王提到'陰陽'並不奇怪。如果考慮到文王與《周易》的關係,更使我們產生不少聯想。"

反之事"。① 沈建華認爲,正如《尚書·堯典》中的"曆象日月星辰,敬授人時",此句乃指觀象、授時、測定曆法之意。② 又如李存山認爲,此文中的"測"即測度之意,與"相其陰陽"的"相"大致一意,並非南北方位之意,乃表現氣候寒暖即"陰陽變化"的思想。③ 此外,曾振宇認爲,此句反映一種古代巫術或者方術中的"氣占",因氣占與天人感應世界觀緊密相關,故力求人事與天意協調一致,盼望天降祥瑞而達到天命不移、國祚恒久、江山永固之社會目的。④

就筆者淺見,清華簡《保訓》篇並非文王當時的遺訓實物,而是戰國中晚期的文人撰寫的文獻。此篇的内容可能反映春秋戰國時期諸子思想的若干主要内涵,包括春秋戰國時期陰陽家的思想。

此處應注意,先秦時期,古人特別强調順乎陰陽四時之序,即春生、夏長、秋收、冬藏的宇宙規律,故力倡順應"陰陽""四時"變化之序的陰陽家之學。其早期思維模式的重點在於陰陽交替、輪轉的循環,並不在陰陽的對立。換言之,陰陽消長的實質,並非此消彼長,而是陰、陽各自在一定時限内的自身消長。⑤

此種順應陰陽四時的早期觀念,漢班固所撰的《漢書·藝文志》陰陽家流中便有記載:

> 陰陽家者流,蓋出於羲和之官,敬順昊天,曆象日月星辰,敬授民時,此其所長也。及拘者爲之,則牽於禁忌,泥於小數,舍人事而任鬼神。⑥

此文雖包含堯舜時期的天文星曆等内容,⑦但其目的並不在觀象、授時、

---

① 李學勤:《論清華簡〈保訓〉的幾個問題》,《文物》2009 年第 6 期,第 77 頁。其云:"測度陰陽(意即正反)之事,這是'執其兩端',從而達到中正之道,所以簡文説舜做到'得中'了。"
② 沈建華:《釋〈保訓〉簡"測陰陽之物"》,《中國史研究》2009 年第 3 期,第 13—18 頁。
③ 李存山:《試評清華簡〈保訓〉篇中的"陰陽"》,《中國哲學史》2010 年第 3 期,第 35—38 頁。
④ 曾振宇:《清華簡〈保訓〉"測陰陽之物"新論》,《中原文化研究》2015 年第 4 期,第 21—29 頁。
⑤ 盧嘉錫總主編,廖育群等著:《中國科學技術史——醫學卷》,第 59—62 頁。
⑥ (漢) 班固撰,(唐) 顏師古注:《漢書》(中册)卷三十,中華書局,2005 年,第 1406 頁。
⑦ (清) 阮元校刻:《十三經注疏(附校勘記)》(上册),《尚書》卷二,第 119 頁。其云:"乃命羲、和,欽若昊天,曆象日月星辰,敬授人時。"

製曆,而更强調陰陽四時變化的規律,以及順應陰陽四時變化的重要性。①《國語·越語下》亦有相關内容:

> 陽至而陰,陰至而陽;日困而還,月盈而匡。②

由此可見,陰陽四時變化的循環規律,與早期陰陽家主張的順應陰陽四時的思維方式一致。③ 然而,此種循環規律,沿至後世,則逐漸顯露相互對立的屬性。

此外,先秦時期有關原始占測天象陰陽變化的記録,如《周禮·保章氏》載:

> 保章氏:掌天星,以志星辰日月之變動,以觀天下之遷,辨其吉凶。④

又《周禮·占夢》亦云:

> 占夢:掌其歲時,觀天地之會,辨陰陽之氣。以日月星辰,占六夢之吉凶。⑤

據此不難得知,周時可能已設掌管占測天象陰陽變化的職官,以測知天下的吉凶妖祥。

由此觀之,清華簡《保訓》篇的"測会(陰)旟(陽)之勿(物)"之句,若與上引《周禮·保章氏》《周禮·占夢》等記載互相比對,其内涵乃測度陰陽四時變化的循環規律,包括原始占測陰陽變化之意。"咸川(順)不諱(逆)",則强調順應其變化規律及占斷結果且不作違背,如此理解可能更合乎文理。

2.《管仲》篇的記載

收録於《清華大學藏戰國竹簡(陸)》中的《管仲》篇,共 30 枚簡,三道

---

① 盧嘉錫總主編,廖育群等著:《中國科學技術史——醫學卷》,第 59 頁。
② (春秋)左丘明撰,鮑思陶點校:《國語》卷二十一,齊魯書社,2005 年,第 319 頁。
③ 盧嘉錫總主編,廖育群等著:《中國科學技術史——醫學卷》,第 61 頁。
④ (清)阮元校刻:《十三經注疏(附校勘記)》(上册),《周禮》卷二十六,第 819 頁。
⑤ 同上,卷二十五,第 807—808 頁。

編,完簡長 44.5 釐米,寬 0.6 釐米,原無篇題,保存尚佳。本篇簡文與《管子》一書的諸多篇章體例一致,思想相通,但内容截然不同,應當屬於《管子》的佚篇。《管仲》以齊桓公與管仲問答的形式,記載管仲的治國理念,其中包含較多陰陽五行的思想。① 兹舉"陰陽"一詞相關之句爲例:

> 鏗(賢)礩(質)以亢(抗),吉凶刍(陰)易(陽),遠逐(邇)卡＝(上下),可立於椨(輔)。(6 下段—7 上段)②

文中的"吉凶刍(陰)易(陽)"之句,乃具有巫術性質的占斷陰陽變化之意,前引《荀子·王制篇》亦載:

> 相陰陽,占祲兆,鑽龜陳卦,主攘擇五卜,知其吉凶妖祥,傴巫、跛擊之事也。③

由此觀之,先秦時期,在陰陽觀念産生以後,巫者施行巫術,尤其是進行原始占卜之術時,常運用此法。此種占測陰陽之觀念,遂成爲巫者施術的一種重要内涵,與巫術信仰交織一繫。

總之,清華簡《保訓》《管仲》兩篇中的"陰陽"一詞,皆深受春秋戰國時期陰陽家的影响,具有巫術性的占測陰陽變化的内涵。

(二) 五行觀念的記載

若就清華簡材料所見之五行觀念而言,本文以《清華大學藏戰國竹簡(肆)》中的《筮法》篇、《清華大學藏戰國竹簡(捌)》中的《八氣五味五祀五行之屬》篇等内容爲主作扼要論述。

1.《筮法》篇的記載

收録於《清華大學藏戰國竹簡(肆)》中的《筮法》篇,共 63 枚簡,三道編,簡長 35 釐米,原無篇題,每支簡尾正面有次序編號,共約 30 節,保存完好。此簡文詳細記述占筮的原理及方法,包含大量以數字掛表現的占例。尤其是數字掛的形式,與天星觀、包山、葛陵等楚簡中的實際占筮記録所見一

---

① 李學勤主編:《清華大學藏戰國竹簡(陸)》,中西書局,2016 年,第 110—117 頁。
② 同上。
③ 上海古籍出版社編:《四部精要·子部》,《荀子》卷五,第 400 頁。

致。《筮法》全篇文字分欄書寫,且附有插圖與表格,體例猶如一幅帛
畫。① 由此《筮法》篇可知,周代的占筮不僅"三易並用",以清華簡爲代表的
楚簡"四位"卦體系亦通行並用。② 兹舉其第 24 節的卦位圖爲例(圖 6):

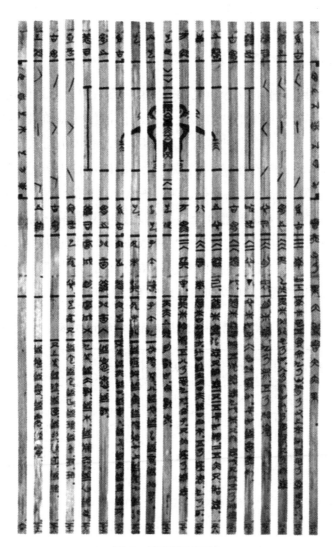

圖 6　清華簡《筮法》

①　李學勤主編:《清華大學藏戰國竹簡(肆)》,中西書局,2013 年,第 75 頁。
②　程浩:《清華簡〈筮法〉與周代占筮系統》,《周易研究》2013 年第 6 期,第 11—16 頁。

東方也,木也,青色。南方也,火也,赤色也。西方也,金也,白
色。北方也,水也,黑色也。系(奚)古(故)胃(謂)之礜(震)？司靁
(雷),是古(故)胃(謂)之礜(震)。系(奚)古(故)胃(謂)之袋(勞)？
司查(樹),是古(故)胃(謂)之袋(勞)。系(奚)古(故)胃(謂)之兑？
司收,是古(故)胃(謂)之兑。系(奚)古(故)胃(謂)之羅(離)？司寢
(藏),是古(故)胃(謂)之羅(離)。(42—60)[①]

《筮法》篇的卦位圖,在迄今所見的《易》圖中屬首見。此卦位圖,雖具有五
行思想,並在方位與季節的解釋上采用五行,但卦位圖的袋(勞)、離(羅)
二卦,與現今後天八卦圖的位置互相背反,與現行的五行次序不盡一致。

換言之,簡文中的礜(震)、袋(勞)、兑、羅(離)四卦所司靁(雷)、查(樹)、
收、寢(藏),與常見的春生、夏長、秋收、冬藏含意相似。然而,袋(勞)卦(即
坎卦)屬火在南方,而羅(離)卦屬水在北方,與《周易·説卦》第五章相
悖。[②] 因此,此卦位圖的内容,可視爲《易》與五行思想的初步結合階段。

將先秦時期的五行與各種事物分類的原則,與清華簡《筮法》篇所見
的五行觀念互相對比,可以列表整理如下(表3)。

表3　清華簡《筮法》篇所見之五行分類表

分　類	木	火	土	金	水
《筮法》篇的五行	木	火		金	水
方　位	東方	南方	中央	西方	北方
《筮法》篇的方位	東方	南方		西方	北方

---

① 李學勤主編:《清華大學藏戰國竹簡(肆)》,第111—112頁。
② 《周易·説卦》第五章記載:"帝出乎震,齊乎巽,相見乎離,致役乎坤,説言乎兑,戰乎乾,
勞乎坎,成言乎艮。萬物出乎震;震,東方也。齊乎巽;巽,東南也。齊也者,言萬物之絜齊也。離
也者,明也。萬物皆相見,南方之卦也。聖人南面而聽天下,嚮明而治,蓋取諸此也。坤也者,地
也。萬物皆致養焉,故曰致役乎坤。兑,正秋也。萬物之所説也,故曰説言乎兑。戰乎乾;乾,西北
之卦也,言陰陽相薄也。坎者,水也,正北方之卦也。勞卦也,萬物之所歸也,故曰勞乎坎。艮,東
北之卦也。萬物之所成,終而所成始也,故曰成言乎艮。"(清)阮元校刻:《十三經注疏(附校勘
記)》(上册),《周易》卷九,第94頁。

續　表

分　類	木	火	土	金	水
顔　色	青色	赤色	黃色	白色	黑色
《筮法》篇的顔色	青色	赤色		白色	黑色
《周易·説卦》	震卦	離卦		兌卦	坎卦
《筮法》篇的四卦	震卦	裞(勞)卦		兌卦	羅(離)卦

　　由此觀之,清華簡《筮法》篇中已基本可見現行的五行循環次第與其性質。

　　2.《八氣五味五祀五行之屬》篇的記載

　　收録於《清華大學藏戰國竹簡(捌)》中的《八氣五味五祀五行之屬》篇,共 7 枚簡,三道編,簡長 41.6 釐米,寬 0.6 釐米,原無篇題,保存尚佳。《八氣五味五祀五行之屬》篇敘述 4 組内容,即第一組爲一年中 8 種節氣的推算,與傳統的 24 節氣不同;第二組爲酸甘苦辛鹹五味的功效,可與《黃帝内經·素問》等古醫書比對;第三組爲五祀、五神與五行的相配;第四組爲木火金水土五行各自的特點。茲舉其中與五行相關之内容爲例:

　　　　〔酸〕爲禽(斂),甘爲緩,故(苦)爲固,辛爲彞(發),鹹爲淳。

　　　　帝爲五祀,旬(玄)冥銜(率)水以飮(食)於行,祝盅(融)銜(率)火以飮(食)於竁(竈),句余亡(芒)銜(率)木以飮(食)於户,司兵之子銜(率)金以飮(食)於門,句(后)土銜(率)土以飮(食)於室中。

　　　　木曰隹(唯)從母(毋)梻(拂),火曰隹(唯)嘗(適)母(毋)慙(違),金曰隹(唯)䤹(斷)母(毋)紉,水曰隹(唯)攸母(毋)歨(止),土曰隹(唯)定母(毋)困。(4—7)[①]

　　將先秦時期的五行分類原則與清華簡《八氣五味五祀五行之屬》篇所見五行觀念互相對比,可以列表整理如下(表 4)。

---

　　① 李學勤主編:《清華大學藏戰國竹簡(捌)》,中西書局,2018 年,第 157—160 頁。

表 4　清華簡《八氣五味五祀五行之屬》篇所見之五行分類表

分　　類	木	火	土	金	水
《素問》的五味，五臟①	酸收，肝	苦堅，心	甘緩，脾	辛散，肺	鹹耎，腎
《八氣》篇的五味，五臟②	酸裔（斂），脾	故（苦）固，肝	甘緩，心	辛犇（發），腎	鹹淳，肺
五神，五祀	句芒，戶	祝融，竈	后土，中霤	蓐收，門	玄冥，行
《八氣》篇的五神，五祀	句余亡（芒），戶	祝䖇（融），窹（竈）	句（后）土，室中	司兵之子，門	旬（玄）冥，行
《洪範》的五行性質③	曲直	炎上	稼穡	從革	潤下
《八氣》篇的五行性質	佳（唯）從、母（毋）栿（拂）	佳（唯）啻（適）、母（毋）懯（違）	佳（唯）定、母（毋）困	佳（唯）鼈（斷）、母（毋）紃	佳（唯）攸、母（毋）垩（止）

　　由此觀之，清華簡《八氣五味五祀五行之屬》篇中，亦可得見現行的五行循環次第，此篇中五行與各種事物的分類，雖細故尚異，但基本吻合。由此亦可知，戰國中晚期，現行的五行觀念已基本定型。

第二節　放馬灘秦簡《日書》篇所見之醫療巫術考察*

　　早在原始時期，人類爲求得生存與種族的繁衍，曾對各種危害人類生

---

　　①　此《素問》的五味、五臟的分類，可參考廊芷人：《陰陽五行及其體系》(增訂版)"内經素問之'五運六氣'原理"，第 287 頁。
　　②　此《八氣五味五祀五行之屬》篇的五味、五臟所屬，簡文中雖未提，但筆者分別參考《尚書·洪範》和《管子·水地》的內容而擬定。
　　③　(清) 阮元校刻：《十三經注疏(附校勘記)》(上冊)，《尚書》卷十二，第 188 頁。
　　*　本文原收錄於(韓國)《東洋古典研究》2019 年第 76 輯，第 211—238 頁。

息健康的疾病防治之法,進行不懈的探索。對於常見的外傷病徵,古人已有若干治療知識。

考古資料多有揭示,至於夏商周時代,病徵、病因識別已達相當水平,[①]醫治病患的方法與衛生保健的習俗,在一定程度上標誌着當時社會生活的文明發展狀態,也爲後世中國醫學體系的建立與完善奠定基礎。[②]

然而,原始社會生活條件艱苦,食物低劣粗糙,且衛生條件極差,對人體組織産生的慢性破壞作用,確極嚴重。在鬼神概念充斥的遠古時代,人們對於罕見之疾病,往往直接歸諸瘟神、病鬼的纏繞,即自然界神祇的降災或鬼在作祟。

因此,古人爲消病除疫,通常採取各種手段安撫鬼魂,或以祭祀討好,或以虔悔而消除鬼魂的不滿,或表示屈服以取悦之,或用某種儀式驅趕疫鬼。此時便須藉助溝通人鬼的媒介,即巫者的力量完成其事。[③]

古代巫醫不分,由於人類將疾病致因視爲鬼魂作用,故以巫者充當人鬼間的中介人角色,寄希望於巫術行醫、安撫死神,以達到消除疾病的目的。[④] 因此,舉行治病儀式時,巫者往往使出自己全身解數,以完成醫療巫術的表演。基於此觀念,醫與巫,醫療與巫術密切結合,藥物心理與巫術心理亦取得自然結合,故求藥及求巫之事,皆統一於醫療活動之中。[⑤]

---

① 對於古人病徵、病因識別水準的記述,如《韓非子・五蠹》記載:"〔上古之世,〕民食果蓏蚌蛤,腥臊惡臭而傷害腹胃,民多疾病。"梁啓雄:《韓子淺解》(下册)第四九篇,中華書局,1960 年,第 465 頁。

② 詳見趙容俊:《殷商甲骨卜辭所見之巫術》(增訂本),中華書局,2011 年,第 322—325 頁。亦可參見宋鎮豪:《夏商社會生活史(增訂本)》(下),中國社會科學出版社,2005 年,第 711 頁。

③ 朱天順:《中國古代宗教初探》"鬼神崇拜與祖先崇拜",上海人民出版社,1982 年,第 181—188 頁。

④ 宋鎮豪:《夏商社會生活史(增訂本)》(下)"人生俗尚與病患醫療",第 743—756 頁。

⑤ 對於求藥與巫術相結合以治病的情形,許進雄在《中國古代社會》中提及,在古代,巫最具實用的能力是替人治病:"這是因爲巫在行巫術時,要使自己精神達到恍惚、狂顛的狀態,才能使自己生幻覺而與鬼神對話。那種境界很難只由唱歌、跳舞得到,還要借助藥力。有時病人也要讓他服藥進入恍惚的狀況才能施術。巫對於疾病的反應和治療的經驗遠較他人豐富,對某些藥物與病徵的關係遞有發現,很自然由之逐漸發展成爲善用藥物治療的醫生。故傳説早期的名醫都具有巫的身分,《説文解字》説:'古者巫彭初爲醫。'"許進雄:《中國古代社會——文字與人類學的透視》(修訂本),臺灣商務印書館,1995 年,第 506 頁。

　　進入人文思想發展的東周時期，[①]古人逐漸脫離依賴巫者之迷信觀念，[②]而以針、灸及藥物爲之，[③]進而産生專業醫療之術及名醫，如當時著名的醫緩、醫和、扁鵲（即秦越人）、文摯等。儘管如此，周代的醫療知識，仍然處於中國醫學的萌芽狀態，古樸幼稚，科學謬誤參半，與巫教信仰交織一繁。

　　東周時期，醫雖已含有專門化、職業化的傾向，然而在當時社會中，仍未盡脫原始巫醫之思想。例如在周朝的文獻中，以占卜探知致病之由的記載，證實鬼神致病的觀念依然存在。以巫術之法療疾的情形，尚普遍存在於周朝社會中。

　　中國古代的陰陽五行觀念影響範圍頗爲深廣，且根深柢固溶於中國的歷史文化中，在中國文化形態的構成中占有不容忽視的位置，對早期傳統醫學發展産生了深遠影響。

　　本節以放馬灘秦簡《日書》篇所見之占卜問病等醫療巫術的重要特色爲主，包括當時流行的五行原理的運用在內進行討論。《日書》篇所見之醫療知識，仍然處於中國醫學的萌芽狀態，然而，此時的巫醫正開拓壯大醫學的先河，在中國醫學史上占有重要的地位。

一、《日書》篇所見之醫療巫術

　　放馬灘秦簡《日書》篇所見之醫療巫術活動，包含占卜問病、五行原理的運用等。茲舉例於下。

---

　　① 有關周代人文思想發展的情形，可參閱趙容俊：《殷商甲骨卜辭所見之巫術》（增訂本），第284—293頁。

　　② 由於周代人文思想的發展，不僅自周、秦以降巫者的政治地位迅速降低，巫術活動亦有祝、史、卜、宗、樂工等分擔爲之。見陳熾彬：《左傳中巫術之研究》，政治大學中文所1989年博士學位論文（指導教師：李威熊），第94—133頁。因此，除專門從事巫術的醫者外，凡從事巫術性醫療活動的人物，本文通稱"巫者"。

　　③ 有關以針、灸、藥物治病，《左傳》成公十年云："疾不可爲也，在肓之上，膏之下，攻之不可，達之不及，藥不至焉。不可爲也。"（清）阮元校刻：《十三經注疏（附校勘記）》（下册），《左傳》卷二六，中華書局，1980年，第1906頁。《禮記·曲禮下》亦有其記載："君有疾，飲藥，臣先嘗之。親有疾，飲藥，子先嘗之。醫不三世，不服其藥。"（清）阮元校刻：《十三經注疏（附校勘記）》（上册），《禮記》卷五，第1268頁。

（一）放馬灘秦簡的簡介

1986 年，在甘肅省天水市放馬灘發現古墓群，共發掘墓葬十四座，其中十三座爲秦墓，一座爲漢墓。其中 1 號秦墓出土竹簡共四百六十一枚，簡長 23—27.5 釐米，設三道編繩，留天地，又每簡右側有三角形契口，足見編痕。文字書於竹黄面，一般每簡二十五至四十字之間，最多者達四十三字，字體均介於篆隸之間。[①] 年代大約屬於戰國晚期。[②]

此秦簡的内容可分爲《日書》及《丹》等。其中《日書》有甲乙兩種，甲種《日書》凡七十三枚，簡長 27.5 釐米、寬 0.7 釐米、厚 0.2 釐米。整理者將其分爲八章，即《月建》《建除》《亡盜》《人月吉凶》《男女日》《生子》《禹須臾行》《忌》等。

乙種《日書》凡三百八十二枚，簡長 23 釐米、寬 0.6 釐米、厚 0.2 釐米。整理者將其分爲二十章，即《月建》《建除》《亡盜》《人月吉凶》《男女日》《生子》《禹須臾行》《門忌》《日忌》《月忌》《五種忌》《入官忌》《天官書》《五行書》《律書》《問病》《占卦》《牝牡月》《晝夜長短》《四時啻》等。此兩種《日書》較少言及鬼神，反映了秦地重政輕鬼的傾向。[③]

相關的研究著作，可參甘肅省文物考古研究所的《甘肅天水放馬灘戰國秦漢墓群的發掘》[④]與《天水放馬灘秦簡》、[⑤]孫占宇的《放馬灘秦簡日書整理與研究》、[⑥]程少軒的《放馬灘簡式占古佚書研究》、[⑦]何雙全的《天水放馬灘秦簡綜述》、[⑧]陳偉主編的《秦簡牘合集（肆）放馬灘秦墓簡牘》、[⑨]陳

[①]　李均明：《古代簡牘》，文物出版社，2003 年，第 51—54 頁。亦可參考中國社會科學院考古研究所編：《中國考古學》，中國社會科學出版社，2004 年，第 491 頁。

[②]　甘肅省文物考古研究所編：《天水放馬灘秦簡》"天水放馬灘墓葬發掘報告"，中華書局，2009 年，第 113—161 頁。

[③]　李均明：《古代簡牘》，第 51—54 頁。

[④]　甘肅省文物考古研究所、天水市北道區文化館：《甘肅天水放馬灘戰國秦漢墓群的發掘》，《文物》1989 年第 2 期，第 1—11、31 頁。

[⑤]　甘肅省文物考古研究所編：《天水放馬灘秦簡》，中華書局，2009 年。

[⑥]　孫占宇：《放馬灘秦簡日書整理與研究》，西北師範大學 2008 年博士學位論文（指導教師：張德芳）。

[⑦]　程少軒：《放馬灘簡式占古佚書研究》，中西書局，2018 年。

[⑧]　何雙全：《天水放馬灘秦簡綜述》，《文物》1989 年第 2 期，第 23—31 頁。

[⑨]　陳偉主編，武漢大學簡帛研究中心、甘肅簡牘博物館編：《秦簡牘合集（肆）放馬灘秦墓簡牘》，武漢大學出版社，2014 年。

偉的《放馬灘秦簡日書〈占病祟除〉與投擲式選擇》①等。

(二)醫療巫術活動

1. 占卜問病

占卜職事,乃因各種物事之徵兆,而推斷鬼神之意欲與人事之吉凶禍福,故可視爲交通鬼神之事。②占卜與預言本爲一體兩面,占卜的目的在於預言未來,以及探知當下無法得知、理解之事及若干徵兆現象,其本身便是一種巫術。

自古以降,人類即以各種方法占驗吉凶、測知來事。若遇疾病與怪異之事,則因難以掌握結果而憂心沖沖,於是請通神知鬼的巫者卜占預言,方知緣由以求對策。

人類在經受疾病的苦惱中,尋求各種醫療巫術以排難解憂,脫離桎梏,他們召請巫者診病,而巫者多採取問病卜災等占卜形式診斷何鬼所爲,進而驅鬼治病。

(1)先秦文獻的記載

兩周時期的文獻中,巫者從事占卜問病之例屢見不鮮,如《左傳》昭公元年云:

> 晉侯有疾,鄭伯使公孫僑如晉聘,且問疾。叔向問焉,曰:"寡君之疾病,卜人曰:'實沈、臺駘爲祟。'史莫之知,敢問此何神也?"子產曰:"昔高辛氏有二子。伯曰閼伯,季曰實沈。居于曠林,不相能也。日尋干戈,以相征討。后帝不臧,遷閼伯于商丘,主辰。商人是因,故辰爲商星。遷實沈于大夏,主參。唐人是因,以服事夏商。"③

由此可知,晉平公有疾時,不僅召卜人占病,並且"遍諭上下神祇"。④

此外,1993 年,湖北省江陵縣荊州鎮郢北村王家臺 M15 號秦墓發現

---

① 陳偉:《放馬灘秦簡日書〈占病祟除〉與投擲式選擇》,《文物》2011 年第 5 期,第 85—88 頁。
② 詳見趙容俊:《殷商甲骨卜辭所見之巫術》(增訂本),第 79—88 頁。
③ (清)阮元校刻:《十三經注疏(附校勘記)》(下册),《左傳》卷四十一,第 2023 頁。
④ 參見林志鵬:《殷代巫覡活動研究》,臺灣大學中文所 2003 年碩士學位論文(指導教師:許進雄),第 65—69 頁。

秦簡 800 餘枚，其内容爲《效律》《日書》《歸藏》及星占書。[1] 王家臺秦簡的年代推算在戰國晚期，即秦白起拔郢之後。[2]

王家臺秦簡《日書》亦記載人在不同時日患病的吉凶内容，比如：

> ·病：子有病，不五日及七日瘳，鷄鳴病死。（399）

> 丙丁有疾，赤色當日出死，不赤色，壬有瘳，癸汗。（401）[3]

（2）《日書》篇的記載

放馬灘秦簡《日書》甲種各篇多見不同時日占卜問病的記載，比如：

> 建除：除日，……癉疾死。（14）

> 盈日，……有疾難瘳。（15）

> 剛柔日：·男日，〔子、〕卯、寅、巳、酉、戌。·女日，午、未、申、丑、亥、辰。以女日病，以女日瘳，必女日復之。以女日死，以女日葬，必復之。男日亦如是。謂岡（剛）〔楺（柔）〕之日。（1 貳—4 貳）[4]

放馬灘秦簡《日書》乙種各篇亦有記載：

> 建除：·除日，……癉疾死。（15 壹）

> 直室門：屈門，其主必昌富，婦人必宜疾，是謂鬼束（責）之之門，三歲更。（8 貳—9 貳）

> 食既（過）門，〔毋（無）〕所利，數出既（禍）喪，必瘁（癃）。（20 貳+22 貳）

> 剛柔日（一）：·男日，子、卯、寅、巳、酉、戌。〔·女日，午、〕未、申、丑、亥、辰。以女日病，以女日瘳，必女日復之。以女日死，以女日葬，必復之。男日亦如是。謂岡（剛）☒（楺（柔）之日）。（91A＋

---

[1]　荆州地區博物館：《江陵王家臺 15 號秦墓》，《文物》1995 年第 1 期，第 39—41 頁。又參見中國社會科學院考古研究所編：《中國考古學》，第 491 頁。

[2]　李學勤：《論戰國簡的卦畫》，《周易溯源》，巴蜀書社，2005 年，第 284 頁。

[3]　荆州地區博物館：《江陵王家臺 15 號秦墓》，《文物》1995 年第 1 期，第 39—40 頁。

[4]　上列放馬灘秦簡《日書》篇的全部釋文，可參考陳偉主編的《秦簡牘合集（肆）放馬灘秦墓簡牘》的重新隸定與考釋。陳偉主編，武漢大學簡帛研究中心、甘肅簡牘博物館編：《秦簡牘合集（肆）放馬灘秦墓簡牘》，武漢大學出版社，2014 年，第 8—13 頁。

93B＋92)

遠行凶：二月丑，〔疾〕喪。（104 貳）

五月辰，疾喪。（107 貳）

八月未，疾喪。（110 貳）

十一月戌，疾喪。（113 貳）

候歲：丙丁雨，大旱，鬼神北行，多疾。……壬癸雨，大水，禾粟 弗 起，民多疾。（154 中間＋158 上段）

占黃鐘：・投黃鐘以多，爲病益〔篤〕……。以少，病有瘳……（242）

陰陽鐘：☑（多其數）〔者〕，占病益病……。少其數者，占病有〔瘳〕……（360A＋162B＋297 上段）

問病：・凡人來問病者，以來時投日、辰、時數并之。上多下占〈日〉病已，上下〔等〕日陲（垂）已，下多上一日未已而幾已，下多上二日未已，下多三日日尚久，多四、五、六日久未智（知）已時，多七日瘥（瘳）不已，多八、九日死。（345＋348）

占疾：・占疾。投其病日、辰、時，以其所中之辰閒，中其後爲已閒，中其前爲未閒。得其月之剩，恐死。得其 收 ，〔瘥（瘳）〕。得其 吉 ，善。得其閉，病中唯☐。得其建，多餘病。得除，恐死。得其盈，駕（加）病。得其吉，善。得其臽，病久不☑。☑☐，乃復病。（338＋335＋358A＋364B）

占病：・占病者，以其來問時直日、辰、時，因而三之，即直〔六〕結四百五，而以〔所〕三☐☐〔除焉〕。令不足〔除毆，乃〕☐☐者日久易，如其〔餘〕☐，以〔……〕■九者，首毆（也）；八者，肩、肘毆（也）；七、六者，匈（胸）、腹、腸毆（也）；五者，股、脬毆（也）；四者，〔郄（膝）〕、足毆（也）。此所以〔智（知）〕病疵之所毆（也）。（355＋343）

占病祟除：・占病祟除。一天毆（也），公外。二〔地，〕社及立（位）。三人鬼，大〔父〕及殤。四〔時，〕大過（害）及北公。五音，巫帝（帝）、陰雨公。六律，司命、天 獸 。七星，死者。八風，相茛者。九水

〈州〉，大水殹(也)。（350＋192）①

五音(二)：宮音貴，……其病中。（353 中間＋352 上段）

〔徵音善，〕……其〔病〕□。（352 中間、354 上段）

羽音〔吉〕，……其病頭。（354 中間＋375 下段）

角〔音楆(搖)〕，……其病久。（303B＋289B 中間＋370）

黃鐘：•黃鐘。平旦至日中投中黃鐘，……善病心、腸。（206）

•旦至日中投中大呂，……善病〔風痹〕。（209）

日中至日入投中大呂，……善病要(腰)。（210）

日入至晨投中大呂，……善病頸項。（211）

•旦至日中投中大(太)族(簇)，……善病中。（212）

日中至日入投中大(太)族(簇)，……善病肩。（213）

日入至晨投中大(太)族(簇)，……善病耳目閒。（214A＋223）

•旦至日中投中夾鐘，……善病要(腰)、腹。（215）

日中至日入投中夾鐘，……善病心、腸。（216）

日入至晨投中夾鐘，……善病北(背)〔膺(膺)〕瘇(腫)。（240）

•旦至日中投中姑洗，……善病〔脅、鼻〕。（218）

日中至日入投中姑洗，……善病〔四體〕。（219）

日入至晨投中姑洗，……善病顏。（220）

•旦至日中投中中呂，……善病要(腰)、脾。（221）

日中至日入投中中呂，……善病脅。（222）

•旦至日中投中㽔(蕤)賓，……善病右脾。（224）

日中至日入投中㽔(蕤)賓，……善病〔項〕。（225）

日入至晨投中㽔(蕤)賓，……〔善〕病中、腸。（226）

•旦至日中投中林鐘，……〔善〕病□、〔腸、目〕。（227）

日中至日入投中林鐘，……善 明 目病乳。（225）

日入至晨投中林鐘，……〔善病□、〕足。（229）

---

① 參見陳偉：《放馬灘秦簡日書〈占病祟除〉與投擲式選擇》，《文物》2011 年第 5 期，第 85—86 頁。

・旦至日中投中夷則，……善病心。(230)

日中至日入投中夷則，……善病要(腰)。(231)

日入至晨投中夷則，……善病肩、腸。(232)

・旦至日中投中南呂，……善病〔匈(胸)、〕脅。(233壹)

日入至晨投中南呂，……善病心、腹。(235壹)

・旦至日中投中毋(無)射，……善病攣中。(236壹)

日中至日入投中毋(無)射，……善病要(腰)、〔脾〕。(237壹)

日入至晨投中毋(無)射，……善病腹、腸、要(腰)、脾。(208)

・旦至日中投中應(應)鐘，……善病腹、腸。(238)

日中至日入投中應(應)鐘，……善病風痹。(239)

日入至晨投〔中應(應)〕鐘，……善病肩、手。(217)

▨▨，〔善〕病心。(360B)

自天降令：皋陶所出，以五音、十二聲爲某貞卜："某自首春夏到十月，尚無有 危 〔獲〕皋(罪)蠱、言語、疾病 葬 死者?"(285)

林鐘、應(應)鐘、夾鐘之卦曰："……有疾不死，轉如〔……〕"(294)

貞在黃鐘：・黃鐘，音殹(也)。貞在黃鐘，……其祟上君、先 殤 。卜疾人，三禺(遇)黃鐘，死；……(260—261)

・大呂，音殹(也)。貞在大呂，……其祟大街、交原。卜〔疾〕人，不死；……(262+267)

・〔夾鐘，憂殹(也)，〕▨▨殹(也)，▨〔音〕殹(也)，疾殹(也)。貞在夾鐘，……室有病者，▨▨作▨▨，▨〔在項頸〕，不見大患，乃見死人。其祟外君殹(也)，……(266+269)

〔・毋(無)射，……貞〕在毋(無)射，……貞身右(有)苛(疴)疵，憂心申申，不可以告人。其〔祟〕▨▨犬主。(279+311)

十二律吉凶：・〔黃鐘、〕大呂、姑先(洗)、中呂、林鐘，皆曰："……病者不死，……"(257)

・大(太)族(簇)、茮(蕤)賓、夷則、南呂，皆曰："……疾人死，……"(258A+371)

・夾鐘、毋（無）射、癭（應）鐘，皆曰："……疾人危，……"(256)①

由此可知，戰國晚期的放馬灘秦簡《日書》乙種各篇中，已可見以不同時日或方向占斷疾病的内容。其中，運用納音五行占卜問病的内容尤多。筆者將在下文詳細論之。

上引《問病》《占疾》《占病》等篇中，描述以病日、辰、時判斷病情變化的占卜問病之法。又由《自天降令》篇可知，古人在占卜時直接提及"疾病 葬 死"等内容。

此外，《占病祟除》篇中的"公外""社及立（位）""大〔父〕及殤""大遏（害）及北公""巫親（帝）、陰雨公""司命、天 獸 ""死者""相莨者"（即魖魖）"大水"等，以及《貞在黄鐘》篇中的"上君、先 殤 ""大街、交原""外君""□□犬主"等等，皆爲降祟致病的鬼神。戰國末期，古人仍將各種疾病之因歸咎於鬼神作祟。

2.《日書》篇所見之醫療巫術的特徵

（1）五行原理的内容

首先，若將放馬灘秦簡《日書・五行》所見的五行原理的内容，②與睡虎地秦簡《日書》、③《淮南子・天文》、④《黄帝内經素問・六微旨大論》⑤

---

①　上列簡文的釋文，可參考陳偉主編的《秦簡牘合集（肆）放馬灘秦墓簡牘》的重新隸定與考釋。陳偉主編，武漢大學簡帛研究中心、甘肅簡牘博物館編：《秦簡牘合集（肆）放馬灘秦墓簡牘》，第38—44、64、75、98—103、127—131、142—148、153—194 頁。此外，亦可參考甘肅省文物考古研究所編：《天水放馬灘秦簡》，第 96—104 頁。又可參見晏昌貴的《天水放馬灘秦簡乙種〈日書〉分篇釋文（稿）》的隸定與考釋。晏昌貴：《天水放馬灘秦簡乙種〈日書〉分篇釋文（稿）》，載武漢大學簡帛研究中心主辦：《簡帛》第五輯，上海古籍出版社，2010 年，第 38 頁。

②　放馬灘秦簡《日書》篇所見之五行三合局、五行相生關係等，亦見於《日書》乙種《五行》："▉火生寅，壯午，老戌。金生巳，壯酉，老丑。水生申，壯子，老辰。木生亥，壯卯，老未。土（水）生木，木生火，火生土。（73 貳—77 貳）"陳偉主編，武漢大學簡帛研究中心、甘肅簡牘博物館編：《秦簡牘合集（肆）放馬灘秦墓簡牘》，第 57—58 頁。

③　如前引睡虎地秦簡《日書》甲乙種材料，可知當時的五行觀念已基本形成現行的五行次第，還可見五行相克、五行三合局等内容。

④　《淮南子・天文》有五行三合局、五行原理與干支、五行相生關係等記載："木生於亥，壯於卯，死於未，三辰皆木也。火生於寅，壯於午，死於戌，三辰皆火也。土生於午，壯於戌，死於寅，三辰皆土也。金生於巳，壯於酉，死於丑，三辰皆金也。水生於申，壯於子，死於辰，三辰皆水也。……甲乙寅卯，木也；丙丁巳午，火也；戊己四季，土也；庚辛申酉，金也；壬癸亥子，水也。水生木，木生火，火生土，土生金，金生水。"張雙棣：《淮南子校釋》卷三，北京大學出版社，1997 年，第 374—392 頁。

⑤　今本《黄帝内經素問・六微旨大論》有五行三合局的記載："帝曰：'願聞其歲候何如？'歧伯曰：'……是故寅午戌歲會同，卯未亥歲氣會同，辰申子歲氣會同，巳酉丑歲氣會同，終而復始。'"（唐）王冰次注，（宋）林億等校正：《黄帝内經素問》卷十九，載《文淵閣四庫全書》（第七三三册），第 221 頁。

等篇所見之五行三合局、五行相生等五行原理互爲比對,可得如下列表(表5)。

表5　放馬灘秦簡的五行原理

分　類	木	火	土	金	水
《放馬灘》相生	木生火	火生土	〔土生金〕	〔金生水〕	土〈水〉生木
《放馬灘》五行三合局	亥、卯、未	寅、午、戌		巳、酉、丑	申、子、辰
《睡虎地》相克	木勝土	火勝金	土勝水	金勝木	水勝火
《睡虎地》天干	〔甲、乙〕	丙、丁	戊、己	庚、辛	壬、癸
《睡虎地》五行三合局	未、亥、卯	〔戌、寅、午〕		酉、丑、巳	辰、申、子
《睡虎地》方位	東方	南方	中央	西方	北方
《淮南子》五行相生	木生火	火生土	土生金	金生水	水生木
《淮南子》地支	寅、卯	巳、午	丑、未、辰、戌	申、酉	亥、子
《淮南子》五行三合局	亥、卯、未	寅、午、戌	午、戌、寅	巳、酉、丑	申、子、辰
《素問》五行三合局	亥、卯、未	寅、午、戌		巳、酉、丑	申、子、辰

　　此外,若將放馬灘秦簡《日書》篇所見運用納音五行内容,與孔家坡漢簡《日書·歲》、①《吕氏春秋》十二紀、《黄帝内經素問·金匱真言

---

① 孔家坡漢簡,2000年3月湖北隨州孔家坡M8號漢墓中出土共780餘枚,其中《日書》簡700餘枚,内容基本同於睡虎地、放馬灘簡《日書》,可以互相比勘;《曆日》簡78枚;木牘4枚;《告地書》1枚寫字,無字木牘3枚。簡文的成書時間推定爲西漢景帝後元二年,即公元前142年。此外,孔家坡M8號漢墓的墓主,應爲秦漢時期縣級屬下管理物資及製造的小官。湖北省文物考古研究所、隨州市考古隊合編:《隨州孔家坡漢墓簡牘》,文物出版社,2006年,第3—36頁。《日書》簡《歲》篇有運用古代音樂的納音五行的内容:"東方徵,南方羽,西方商,北方角,中央宮,是 胃 (謂)五 音 。(461下段—462上段)"同上,第184—185頁。

論》①等篇所見之五音、十二律與五行的情形互爲比對,則可得下表
(表6)。②

表 6　放馬灘秦簡的納音五行

分　類	木	火	土	金	水
《放馬灘》 五音	徵	羽	宮	商	角
《放馬灘》 十二律	應鐘、夾 鐘、林鐘	太簇、蕤 賓、無射		中呂、南 呂、大呂	夷則、黃 鐘、姑洗
《孔家坡》 五音	徵	羽	宮	商	角
《呂氏春秋》 五音	角	徵	宮	商	羽
《呂氏春秋》 十二律	太簇、夾 鐘、姑洗	仲呂、蕤 賓、林鐘	黃鐘之宮	夷則、南 呂、無射	應鐘、黃 鐘、大呂
《素問》 五音	角	徵	宮	商	羽

　　據上列的表5可知,放馬灘秦簡《日書》篇所見五行原理,與當時流行
的五行觀念基本一致。③ 若視表6的内容,便可知放馬灘秦簡《日書》篇、

---

　　① 今本《黃帝内經素問·金匱真言論》有五行與五音相關的記載:“帝曰:‘五藏應四時,各有收
受乎?’歧伯曰:‘有。東方青色,入通於肝,開竅於目,……是以春氣在頭也。其音角,其數八,……。
南方赤色,入通於心,開竅於耳,……是以知病之在脉也。其音徵,其數七,……。中央黃色,入通於
脾,開竅於口,……是以知病之在肉也。其音宮,其數五,……。西方白色,入通於肺,開竅於鼻,……
是以知病之在皮毛也。其音商,其數九,……。北方黑色,入通於腎,開竅於二陰,……是以知病之在
骨也。其音羽,其數六,……’”(唐) 王冰次注,(宋) 林億等校正:《黃帝内經素問》卷一,載《文淵閣
四庫全書》(第七三三册),第 20—22 頁。
　　② 詳見程少軒:《放馬灘簡式占古佚書研究》,第 73—74、120—121 頁。亦可參考鄺芷人:《陰
陽五行及其體系》(增訂版)“内經素問之‘五運六氣’原理”,文津出版社,1998 年,第 287 頁。
　　③ 楊華:《出土日書與楚地的疾病占卜》,《武漢大學學報(人文科學版)》2003 年第 5 期,第
565—568 頁。此外,對於東周時期流行的五行觀念的内容,可參見趙容俊:《早期中國醫學與陰陽五
行思想考察》,(韓國)《民族文化論叢》2012 年第 52 輯,第 724—756 頁。又可參考趙容俊:《清華簡
所見的陰陽五行觀念小考》,(韓國)《東洋古典研究》2019 年第 74 輯,第 65—96 頁。

孔家坡漢簡《日書·歲》的兩篇內容,與《呂氏春秋》十二紀、《黃帝內經素問·金匱真言論》等篇,不完全一致。先秦秦漢時期的五行學說流傳頗廣,流派衆多,上引表中納音五行的內容,應爲當時五行家衆多流派之一。[①]

（2）納音五行

至於放馬灘秦簡《日書》篇所見運用納音五行占卜問病的內容,[②]此處以《日書》乙種《黃鐘》爲例,參照《呂氏春秋》十二紀、《黃帝內經素問·金匱真言論》等篇的相關內容,列表整理如下(表 7)。[③]

表 7 《日書》乙種《黃鐘》的占卜問病

分類	五音	地支	十二律	時段起	時段止	善病	《呂氏春秋》五臟	《素問》五臟	《素問》五病	《素問》五竅
木	徵	亥	應鐘	旦	日中	腹、腸	脾	肝	頭	目
				日中	日入	風痹				
				日入	晨	肩、手				
		卯	夾鐘	旦	日中	腰、腹				
				日中	日入	心、腸				
				日入	晨	背膺腫				
		未	林鐘	旦	日中	□、腸、目				
				日中	日入	明目病乳				
				日入	晨	□、足				

① 詳見程少軒:《放馬灘簡式占古佚書研究》,第 74 頁。
② 關於中國古代的"音樂占卜",胡雅靜在《古代音樂占卜的種類、功能及文化內涵》一文中曾提及:"音樂占卜是古人以'天人合一'的思維爲認識基礎,在其文化知識系統中,將與音樂相關的聽、測行爲與占卜行爲相結合,來推斷未知事物的吉凶禍福及氣候變化的一種文化行爲。"胡雅靜:《古代音樂占卜的種類、功能及文化內涵》,《中國音樂》2018 年第 1 期,第 123 頁。
③ 程少軒:《放馬灘簡式占古佚書研究》,第 72—74、110—112 頁。

續　表

分類	五音	地支	十二律	時段起	時段止	善病	《呂氏春秋》五臟	《素問》五臟	《素問》五病	《素問》五竅
火	羽	寅	太簇	旦	日中	中	肺	心	脈	耳
				日中	日入	肩				
				日入	晨	耳目閒				
		午	蕤賓	旦	日中	右髀				
				日中	日入	項				
				日入	晨	中、腸				
		戌	無射	旦	日中	攣中				
				日中	日入	腰、脾				
				日入	晨	腹、腸、腰、脾				
土	宮						心	脾	肉	口
金	商	巳	中呂	旦	日中	腰、脾	肝	肺	皮毛	鼻
				日中	日入	脅				

續　表

分類	五音	地支	十二律	時段起	時段止	善　病	《呂氏春秋》五臟	《素問》五臟	《素問》五病	《素問》五竅
金	商	巳	中呂	日入	晨	？	肝	肺	皮毛	鼻
		酉	南呂	旦	日中	胸、脅				
				日中	日入	？				
				日入	晨	心、腹				
		丑	大呂	旦	日中	風痺				
				日中	日入	腰				
				日入	晨	頸項				
水	角	申	夷則	旦	日中	心	腎	腎	骨	二陰
				日中	日入	腰				
				日入	晨	肩、腸				
		子	黃鐘	平旦	日中	心、腸				
				日中	日入	？				
				日入	晨	？				
		辰	姑洗	旦	日中	脅、鼻				
				日中	日入	四體				
				日入	晨	顏				

　　由上表可知，放馬灘秦簡《日書》乙種《黃鐘》所提的十二律"善病"的部位，與《呂氏春秋》十二紀、《黃帝內經素問·金匱真言論》等篇的相關內容，未有任何密切的關係，亦不易見與當時流行的五行觀念有何關聯。換言之，放馬灘秦簡《日書》乙種《黃鐘》所見的占卜問病內容，不僅發病時

間、部位各異,其間又未見任何五行規律,可能是巫者任意占斷之例。可謂仍處於早期中國醫學的萌芽階段,尚未全面應用五行原理占斷發病。

除此之外,在放馬灘秦簡《日書》篇記載的醫療巫術活動中,尚未見"湮(唾)、賁(噴)、吹""禹步三"等巫術性肢體動作,以及結合巫術性語言的複合式的"祝由"巫術。此種巫術性語言,即"咒禁療法",[①]見於馬王堆帛書《五十二病方》篇,當時人在醫療巫術活動中,已運用巫術性語言與肢體動作兩者結合的方式,但放馬灘秦簡《日書》篇暫未見之。[②]

綜上所陳,放馬灘秦簡《日書》篇中,多見巫者的占卜問病活動。後世巫、醫雖已分離且專業化,但此種占卜問病的醫療巫術在中國歷代的醫學機構中,仍可見之。[③] 其最終成爲中國古代醫學的重要組成部分之一,[④]尤其是在鬼神概念充斥的先秦時期。

第三節　睡虎地秦簡《日書》篇所見
之醫療巫術考察

本節主要運用已整理刊行的《睡虎地秦墓竹簡》中《日書》篇的記載,並與各種傳世文獻及出土文獻互相印證,探討睡虎地秦簡《日書》篇所見

---

① 廖育群:《醫者意也——認識中醫》"咒禁療法——'意'的神秘領域",廣西師範大學出版社,2006年,第72—90頁。亦可參考盧嘉錫總主編,廖育群等著:《中國科學技術史——醫學卷》,科學出版社,1998年,第15—16頁。

② 巫術性肢體動作之一的"禹步三"與念誦咒語的結合,亦見於放馬灘秦簡《日書》甲乙篇中,比如:"■禹須臾行不得擇日:出邑門,禹步三,鄉(嚮)北斗,質(胝)畫地。祝之曰:'禹有直五橫,今利行,行毋(無)咎,爲禹前除道。'(《日書》甲種簡66貳—67貳)""■禹須臾行不得擇日:出邑門,禹步三,鄉(嚮)北斗,質(胝)畫地。視〈祝〉之曰:'禹有直五橫,今利行,行毋(無)咎,爲禹前除道。'(《日書》乙種簡165)"陳偉主編,武漢大學簡帛研究中心、甘肅簡牘博物館編:《秦簡牘合集(肆)放馬灘秦墓簡牘》,第30—32、106頁。

③ 隋代太醫署設置的"祝禁博士"、唐代醫者之一的"咒禁師"、宋代太醫局設置的醫學分科"金鏃兼書禁科"、元明兩代太醫院設置的"祝由科"等,皆爲從事占卜問病等醫療巫術活動。詳見盧嘉錫總主編,廖育群等著:《中國科學技術史——醫學卷》,科學出版社,1998年,第18—19頁。

④ 廖育群:《醫者意也——認識中醫》,第73—79頁。此外,陳邦賢的《中國醫學史》亦云:"中國醫學的演進,始而巫,繼而巫和醫混合,再進而巫和醫分立。以巫術治病,爲世界各民族在文化低級時代的普遍現象,古書上關於這種記載很多。"陳邦賢:《中國醫學史》,商務印書館,1954年,第7頁。

之占卜問病、祝由巫術、逐疫除凶、儺舞活動等醫療巫術。

東周時期，醫雖已有專門化、職業化的傾向，然而東周社會仍未盡脫巫醫思想。以巫術之法療疾，尚普遍存在於社會中。

一、睡虎地秦簡的簡介

1975 年末，湖北省博物館、雲夢縣文化部等，於雲夢睡虎地發掘十二座戰國末至秦代的墓葬，其中 M11 號墓出土大量的秦代竹簡。[①] 出土竹簡原藏棺内，經整理拼綴，計有一千一百五十五枚，另有殘片八十枚，保存情況尚好。簡上的文字，即爲毛筆墨書的秦隸，證明隸書的萌芽在秦始皇之前已出現。竹簡的長度在二十三釐米至二十七點八釐米之間，即約秦尺一尺至一尺二寸，三道編繩。此秦簡的内容可分爲《編年記》《語書》《秦律十八種》《效律》《秦律雜抄》《法律答問》《封診式》《爲吏之道》《日書》等。[②]

其中《日書》有甲乙兩種，甲種《日書》凡一百六十六簡，三道編，簡長25 釐米，無記篇題，又竹簡兩面書字，字小且密，置於墓主頭部右側。乙種《日書》凡二百五十九簡，置於墓主足下，殘斷較甚，但末簡簡背書“日書”二字標題。由於此兩種《日書》的内容大體相同，故雖抄寫時偶有遺脱，但二者可相互核校。其主要内容，則選擇出行、裁衣、建房時日、醫療巫術，以及預測諸事吉凶等。此兩種《日書》，言鬼甚多且屢見楚地詞彙，反映楚地重鬼輕政的傾向。[③]

衆所周知，戰國末期秦國亦受東周時期人文思想的影響，醫學產生專門化、職業化的傾向。因此，當時的秦國對於疾病的治療，已達相當

---

①　對於 M11 號墓主的生平，徐富昌據《編年記》認爲，墓主名喜，生於秦昭王四十五年（公元前 262 年），卒於秦始皇三十年或三十一年（公元前 217 年或 216 年），此與墓中人骨的醫學鑒定相符。徐富昌：《睡虎地秦簡研究》，文史哲出版社，1993 年，第 8—9 頁。亦可參見湖北孝感地區第二期亦工亦農文物考古訓練班：《湖北雲夢睡虎地十一座秦墓發掘簡報》，《文物》1976 年第 9 期，第 58—60 頁。

②　李均明：《古代簡牘》，文物出版社，2003 年，第 43—51 頁。亦可參考中國社會科學院考古研究所編：《中國考古學》，中國社會科學出版社，2004 年，第 491 頁。

③　李均明：《古代簡牘》，第 43—51、54 頁。

高的水平,除疾病的診斷外,還具備了使用藥物、針灸、外科手術等能力。[①] 然而,因其深受以巫鬼淫祀之地著稱的楚地的影響,故多見醫療巫術活動的內容。換言之,睡虎地秦簡雖偶有記載對病患的若干法律規定,[②]但仍少見對秦國醫學水平的反映,[③]且醫者的社會地位亦處於卑賤之流。[④]

　　相關的研究著作,可參《睡虎地秦墓竹簡》、[⑤]徐富昌的《睡虎地秦簡研究》、[⑥]王子今的《睡虎地秦簡〈日書〉甲種疏證》、[⑦]劉樂賢的《睡虎地秦簡日書研究》、[⑧]陳偉主編的《秦簡牘合集(壹)睡虎地秦墓簡牘》、[⑨](日)工藤元男的《睡虎地秦簡所見秦代國家與社會》,[⑩]以及張銘洽的《雲夢秦

---

　　① 詳見趙容俊:《秦國的醫學文化考察》,《輝煌雍城——全國(鳳翔)秦文化學術研討會論文集》,三秦出版社,2017年,第269—275頁。

　　② 睡虎地秦簡所見對病患的法律規定,見《封診式·毒言》載:"爰書:某里公士甲等廿人,詣里人士五(伍)丙,皆告曰:'丙有寧毒言,甲等難飲食焉,來告之。'即疏書甲等名事關諜(牒)北(背)。·訊丙,辭曰:'外大母同里丁坐有寧毒言,以卅餘歲時覈(遷)。'(91—92中間)"睡虎地秦墓竹簡整理小組編:《睡虎地秦墓竹簡》,文物出版社,1990年,第162。此篇記載里人士伍丙口舌有毒,里人送府報告,其外祖母曾因口舌有毒論罪,於三十歲時處以流放。依其判例,若有毒言之疾,當時的法律應處以遷刑。參閱徐富昌:《睡虎地秦簡研究》,第304頁。亦可參見(日)工藤元男著,廣瀨薰雄、曹峰合譯:《睡虎地秦簡所見秦代國家與社會》,上海古籍出版社,2010年,第348—352頁。

　　③ 睡虎地秦簡所見秦國醫學水平的實例,見《封診式·廲(癘)》載:"爰書:某里典甲詣里人士五(伍)丙,告曰:'疑廲(癘),來詣。'·訊丙,辭曰:'以三歲時病疕,麋(眉)突,不可智(知)其可(何)病,毋(無)它坐。'令醫丁診之,丁言曰:'丙毋(無)麋(眉),艮(根)本絕,鼻腔壞。刺其鼻不疐(嚏)。肘郄(膝)□□□到□兩足下奇(踦),潰一所。其手毋(無)胈。令譔,其音氣敗。廲(癘)殹(也)。'(52—54)"睡虎地秦墓竹簡整理小組編:《睡虎地秦墓竹簡》,第156—157頁。此篇記載里人士伍丙患癘,里人送府報告,醫丁觀察患者身體的各處,乃診斷爲癘疾。可見,戰國時期的醫者已施行專業的醫療診斷,而秦國醫術已達相當高水平。

　　④ 睡虎地秦簡《日書》篇有當時醫者地位的記載,比如《日書》:"〔生子:〕壬寅生子,不〔吉,〕女爲醫,女子爲也。(《日書》甲種簡148貳)""〔■生:〕壬寅生,不吉,女子爲醫。(《日書》乙種簡243尾段—244上段)"睡虎地秦墓竹簡整理小組編:《睡虎地秦墓竹簡》,第204—205、253頁。由此可知,睡虎地秦簡《日書》甲乙種中有醫者地位卑賤的敘述。此外,亦可參考朱玲、楊峰:《睡虎地秦簡〈日書〉醫療疾病史料淺析》,《中國中醫基礎醫學雜誌》2007年第5期,第388—389頁。

　　⑤ 睡虎地秦墓竹簡整理小組編:《睡虎地秦墓竹簡》,文物出版社,1990年。

　　⑥ 徐富昌:《睡虎地秦簡研究》,文史哲出版社,1993年。

　　⑦ 王子今:《睡虎地秦簡〈日書〉甲種疏證》,湖北教育出版社,2002年。

　　⑧ 劉樂賢:《睡虎地秦簡日書研究》,文津出版社,1994年。

　　⑨ 陳偉主編,武漢大學簡帛研究中心、湖北省博物館、湖北省文物考古研究所編:《秦簡牘合集(壹)睡虎地秦墓簡牘》,武漢大學出版社,2014年。

　　⑩ (日)工藤元男著,廣瀨薰雄、曹峰合譯:《睡虎地秦簡所見秦代國家與社會》,上海古籍出版社,2010年。

簡〈日書〉占卜術初探》、①劉樂賢的《睡虎地秦簡日書〈詰咎篇〉研究》②等。

睡虎地秦簡《日書》篇所見之醫療巫術活動，有占卜問病、祝由巫術、逐疫除凶、儺舞活動等。③ 兹舉例論之。

二、《日書》篇所見之占卜問病*

(一) 先秦文獻的記載

兩周文獻中，巫者從事占卜問病之例屢見不鮮，如《左傳》襄公十年云：

> 宋公享晋侯于楚丘，請以《桑林》。荀罃辭。荀偃、士匄曰："諸侯宋、魯，於是觀禮。魯有禘樂，賓祭用之。宋以桑林享君，不亦可乎？"舞，師題以旌夏。晋侯懼而退，入于房。去旌，卒享而還。及著雍，疾。卜，桑林見。④

此段敘述晋侯因觀宋國桑林之舞，受驚嚇而致疾，後以龜卜疾病，兆象顯示爲桑林之神作祟。可見古人認爲疾病爲鬼神降祟所致，故常卜問作祟之鬼神。

荆門地區出土的包山楚簡的卜筮祭禱簡中亦可見此類記載。1987年初，在湖北省荆門十里鋪鎮王場村包山崗中，曾發掘五座戰國中晚期楚墓，其中 2 號墓内出土有字簡二百七十八枚，竹牘一枚。⑤ 其中有卜筮祭禱簡，内容乃墓主貞問吉凶禍福，以及請求鬼神先人賜福、保佑，可分卜筮與祭禱兩類。包山楚簡的卜筮祭禱簡中，記載占卜問病的内容亦屢見不鮮，比如：

---

① 張銘洽：《雲夢秦簡〈日書〉占卜術初探》，《文博》1988 年第 3 期，第 68—74 頁。
② 劉樂賢：《睡虎地秦簡日書〈詰咎篇〉研究》，《考古學報》1993 年第 4 期，第 435—454 頁。
③ 對於睡虎地秦簡《日書》篇所見之祝由巫術、逐疫除凶、儺舞活動等巫術性醫療活動的具體内容，筆者有另文討論。可參閱趙俊俊：《先秦巫者的醫療活動研究》，清華大學 2010 年博士學位論文（指導教師：李學勤）。
＊ 本文原收録於（韓國）《人文學研究》2019 年第 116 輯，第 95—116 頁。
④ （清）阮元校刻：《十三經注疏（附校勘記）》（下册），《左傳》卷三十一，第 1947 頁。
⑤ 李均明：《古代簡牘》，第 28—31 頁。亦可參考中國社會科學院考古研究所編：《中國考古學》，第 488—490 頁。

大司馬悼（悼）髓（愲）吕（以）逆（率）楚邦之帀（師）徒吕（以）救（救）郙哉＝（之歲），䀠尿肴＝（之月），己卯音＝（之日），五生吕（以）丞悳（德）吕（以）爲左尹䢼貞（貞）：既腹心疾，吕（以）走（上）懸（氣），不甘飤（食），尚逮（速）瘤（瘥），毋又（有）柰（奈），䷄䷟。占之：亙（恒）貞（貞）吉。疾貞（變），疠窔。吕（以）其古（故）敚（説）之。（245—246 上段）[①]

上引簡文的大意，乃是墓主左尹邵㐌得腹心疾，不能飲食，故占問其病情，進行祭禱。䷄䷟即《周易》的需卦和恒卦。窔，深也，此謂疾病變重。

(二)《日書》篇的記載

關於“占卜問病”的醫療巫術，睡虎地秦簡《日書》篇已有相關記載。如《日書》甲種各篇中提到以不同時日或不同方向占斷疾病，以及鬼神降祟的致病之因的内容：

秦除：除日，……有瘴病，不死。……。盈日，……有疾，難起。（15 貳上段—16 貳）

稷辰：危陽，是胃（謂）不成行。……又（有）疾，不死。（36 上段）

去父母同生：戊午去父母同生，異者焦（憔）寠，居瘁（癃）。（54 叁—55 叁）

·病：甲乙有疾，父母爲祟，得之於肉，從東方來，裹以桼（漆）器。（68 貳上段）

丙丁有疾，王父爲祟，得之赤肉、雄鷄、酉（酒）。（70 貳上段）

戊己有疾，巫堪行、王母爲祟，得之於黄色索魚、堇酉（酒）。（72 貳上段）

庚辛有疾，外鬼傷（殤）死爲祟，得之犬肉、鮮卵白色。（74 貳上段）

壬癸有疾，母（毋）逢人，外鬼爲祟，得之於酉（酒）、脯、脩、節肉。

---

① 上列簡文的釋文，可參考陳偉等著：《楚地出土戰國簡册（十四種）》（全 1 册）《包山 2 號墓簡册（附簽牌）》，經濟科學出版社，2009 年，第 91—118 頁。亦可參見湖北省荆沙鐵路考古隊編：《包山楚簡》，文物出版社，1991 年，第 32—59 頁。

（76 貳上段）

直（置）室門：食過門，大凶，五歲弗更，其主瘝（癉）。（124 貳）

十二支占行：〔卯，南〕吉，西得，北凶，東見疾不死，吉。（139 壹）

巳，南吉，西得，北凶，東見疾死。（137 貳）

生子：丙午生子，者（嗜）酉（酒）而疾，後富。（142 肆）

相宅：宇最邦之下，富而瘝（癉）。（16 背壹）

十二支占死咎：丑，鼠也。其後必有病者三人。（84 背壹）①

上引《病》篇中的"瘝病"即癉病，"難起"即難愈，"異者"即離去者，"索魚"即臘魚。"父母""王父""王母""外鬼傷（殤）死""外鬼"等，皆爲降祟致病的鬼神。戰國末期秦國，古人對於各種疾病之因，仍歸咎於鬼神作祟。

又《日書》乙種各篇亦云：

官：〔五月〕興鬼，……以生子，瘝（癉）。（90 壹）

人日：凡子、卯、寅、酉，男子日。·午、未、申、丑、亥，女子日。以女子日病，病瘳，必復之。（108）②

室忌：室忌，春三月庚辛，夏三月壬癸，秋三月甲乙，冬三月丙丁，〔勿筑（築）〕室，大主死、瘝（癉），弗居。（110）

戊子風：凡戊子風，有興。雨陰，有疾。（119）

十二支占：子以東吉，……以入，見疾。以有疾，辰少（小）瘳（瘳），午大瘳（瘳），死生在申，黑肉從北方來，把者黑色，外鬼父葉（世）爲姓（眚），高王父譴適（謫），豕▢。（157—158）

丑以東吉，……以有疾，巳少（小）瘳（瘳），酉大瘳（瘳），死生在子，脂肉從東方來，外鬼爲姓（眚），巫亦爲姓（眚）。（159A＋179B＋160）

---

① 睡虎地秦墓竹簡整理小組編：《睡虎地秦墓竹簡》，第 183—221 頁。上列睡虎地秦簡的全部釋文，亦可參考陳偉主編的《秦簡牘合集（壹）睡虎地秦墓簡牘》的重新隸定與考釋。陳偉主編，武漢大學簡帛研究中心、湖北省博物館、湖北省文物考古研究所編：《秦簡牘合集（壹）睡虎地秦墓簡牘》，武漢大學出版社，2014 年。

② 參閱劉樂賢：《睡虎地秦簡日書研究》，第 355 頁。

寅以東北吉,……以有疾,午少(小)翏(瘳),申大翏(瘳),死生在子,☐巫爲祟(眚)。(161—162)

卯以東吉,北見疾,……以有疾,未少(小)翏(瘳),申大翏(瘳),死生在亥,狗肉從東方來,中鬼見社爲祟(眚)。(163—164)

辰以東吉,……以有疾,酉少(小)翏(瘳),戌大翏(瘳),死生在子,乾肉從東方來,把者精(青)色,巫爲祟(眚)。(165—166)

巳以東吉,……南見疾。……以有疾,申少(小)翏(瘳),亥大翏(瘳),死生在寅,赤肉從東方來,高王父譴祟(眚)。(167—168)

午以東先行,……有疾,戌少(小)翏(瘳),子大翏(瘳),死生〔在〕寅,赤肉從南方來,把者赤色,外鬼兄枼(世)爲祟(眚)。(169A＋175B＋170)

未以東得,……以有疾,子少(小)翏(瘳),卯大翏(瘳),〔死〕生在寅,赤〔肉〕從南方來,把者〔赤〕色,母枼(世)外死爲祟(眚)。(171—172)

申以東北得,……以有疾,子少(小)翏(瘳),☐〔大翏(瘳)〕,死生在辰,鮮魚從西方來,把者白色,王父譴牲(牲)爲祟(眚)。(173—174)

酉以東蘭(吝),……〔有疾〕,丑少(小)翏(瘳),辰大翏(瘳),〔死〕生在未,赤肉從北方來,外鬼父枼(世)見而欲,巫爲祟(眚),室鬼欲狗(拘)。(175A＋169B＋176)

戌以東得,……以有疾,卯少(小)翏(瘳),辰大翏(瘳),死生在酉,鮮魚從西方來,把者白色,高王父爲祟(眚),壄(野)立(位)爲☐。(177—178)

亥以東南得,……〔以有疾〕,卯少(小)翏(瘳),巳大翏(瘳),死生〔在申〕,黑肉從東方來,母枼(世)見之爲祟(眚)。(179A＋199B＋180)

•病:凡酉、午、巳、寅,以問病者,必代病。(188 壹)

圖忌日:凡〔酉、午〕、巳、寅、辛亥、辛卯問病者,代之。(193 貳)

■生:己丑生,疾。(242 上段)

乙未生,少(小)疾,後富。(242 尾段—243 上段)

丙午,疾。（244 中間）

丙辰生,必〔有〕疵於膲（體）。（245 下段—246 上段）

■失火：己失火,有瘗（瘴）子。（250 下段）①

"姓（眚）"猶祟也。據上文可知,睡虎地秦簡《日書》乙種各篇中,亦記載以不同時日占斷疾病之事。上引《十二支占》篇中的"外鬼父葉（世）""高王父""王父""外鬼兄葉（世）""巫""母葉（世）外死""中鬼""母葉（世）""外鬼"等等,皆亦爲降祟致病的鬼神。

總之,睡虎地秦簡《日書》甲乙種各篇中,皆可見巫者從事占卜問病的事實。

(三)《日書》篇所見之占卜問病的特徵

以睡虎地秦簡《日書》篇所見之占卜問病的特徵爲主分析。首先,若將睡虎地秦簡《日書》篇所見五行的主要内容②與放馬灘秦簡《日書·五行》、③《管子·四時》④等篇所見之五行三合局、五行相生等五行原理互爲比對,可得下表（表 8）。

再次,若依據當時流行的五行觀念,睡虎地秦簡《日書》甲種《病》與《日書》乙種《室忌》所見五行原理與發病相關的内容,可列表整理如下（表 9）。

---

① 睡虎地秦墓竹簡整理小組編：《睡虎地秦墓竹簡》,第 237—254 頁。

② 睡虎地秦簡《日書》甲種已基本形成現行的五行次第：〔五勝：〕東方木,南方火,西方金,北方水,中央土。(88 背叁—92 背貳)"睡虎地秦墓竹簡整理小組編：《睡虎地秦墓竹簡》,第 223 頁。《日書》甲種又可見五行相克、五行三合局等内容："五勝：金勝木,火勝金,水勝火,土勝水,木勝土。(83 背叁—87 背叁)"《日書》乙種："五勝：丙丁火,火勝金。戊己土,土勝水。庚辛金,金勝木。壬癸水,水勝火。〔西〕丑巳金,金勝木。☒。未亥〔卯木,木〕勝土。☒。辰申子水,水勝火。(79 貳—87 貳)"睡虎地秦墓竹簡整理小組編：《睡虎地秦墓竹簡》,第 223、239 頁。

③ 放馬灘秦簡《日書》篇所見之五行三合局、五行相生關係等,亦見於《日書》乙種《五行》："■火生寅,壯午,老戌。金生巳,壯酉,老丑。水生申,壯子,老辰。木生亥,壯卯,老未。土〈水〉生木,木生火,火生土。(73 貳—77 貳)"陳偉主編,武漢大學簡帛研究中心、甘肅簡牘博物館編：《秦簡牘合集(肆)放馬灘秦墓簡牘》,武漢大學出版社,2014 年,第 57—58 頁。

④ 《管子·四時》記載五行原理與四時關係等："東方曰星,其時曰春,其氣曰風。風生木與骨,其德喜嬴而發出節時。……南方曰日,其時曰夏,其氣曰陽。陽生火與氣,其德施舍修樂。……中央曰土,土德實輔四時,入出以風雨。節土益力,土生皮肌膚,其德和平用均,中正無私,實輔四時。……西方曰辰,其時曰秋,其氣曰陰。陰生金與甲,其德憂哀,静正嚴順,居不敢淫佚。……北方曰月,其時曰冬,其氣曰寒。寒生水與血,其德淳越,温怒周密。"黎翔鳳撰,梁運華整理：《管子校注》(中册)卷十四,中華書局,2004 年,第 842—854 頁。

表8 睡虎地秦簡的五行内容

分類	木	火	土	金	水
《睡虎地》天干	〔甲、乙〕	丙、丁	戊、己	庚、辛	壬、癸
《睡虎地》方位	東方	南方	中央	西方	北方
《管子》方位	東方	南方	中央	西方	北方
《睡虎地》相克	木勝土	火勝金	土勝水	金勝木	水勝火
《放馬灘》相生	木生火	火生土	〔土生金〕	〔金生水〕	水生木
《管子》四時	春	夏		秋	冬
《睡虎地》五行三合局	未、亥、卯	〔戌、寅、午〕		酉、丑、巳	辰、申、子
《放馬灘》五行三合局	亥、卯、未	寅、午、戌		巳、酉、丑	申、子、辰

表9 《病》篇與《室忌》篇所見之占卜問病的特徵

分類	木	火	土	金	水
《病》疾日	甲、乙	丙、丁	戊、己	庚、辛	壬、癸
《病》祟源	父母	王父	巫堪行、王母	外鬼傷（殤）死	外鬼
《病》病因	肉、東方、桼（漆）器	赤肉、雄鷄、酉（酒）	黃色索魚、堇酉（酒）	犬肉、鮮卵白色	酉（酒）、脯、脩、節肉
《室忌》發病日，原理	庚辛，相克（金勝木）	壬癸，相克（水勝火）		甲乙，相克（金勝木）	丙丁，相克（水勝火）

　　據此可知,睡虎地秦簡《日書》甲種《病》與《日書》乙種《室忌》中,已可見五行原理與發病相關的内容。尤其是《日書》甲種《病》的病因中的方位、顏色,以及《日書》乙種《室忌》的發病日等,皆與當時流行的五行觀念基本相符。①

　　至於睡虎地秦簡《日書》乙種《十二支占》所見的占卜問病的内容,若運用當時流行的五行觀念,可列表整理如下(表 10)。

表 10　《日書》乙種《十二支占》所見之占卜問病的特徵

分類	疾日	方向、吉凶	小瘳日,原理	大瘳日,原理	死生日,原理	病　因	把者色	祟　源
木	未	東得	子,相生(水生木)	卯,自逢生旺	寅,相生(木生火)	赤〔肉〕、南方	〔赤〕色	母枼(世)外死
木	亥	東南得	卯,自逢生旺	巳,相克(金勝木)	申,相生(水生木)	黑肉、東方		母枼(世)
木	卯	東吉	未,自逢生旺	申,相生(水生木)	亥,自逢生旺	狗肉、東方		中鬼
火	戌	東得	卯,相生(木生火)	辰,相克(水勝火)	酉,相克(火勝金)	鮮魚、西方	白色	高王父、樊(野)立(位)
火	寅	東北吉	午,自逢生旺	申,相克(水勝火)	子,相克(水勝火)	☒	☒	巫
火	午	☒	戌,自逢生旺	子,相克(水勝火)	寅,自逢生旺	赤肉、南方	赤色	外鬼兄枼(世)
土								
金	酉	東薗(齊)	丑,自逢生旺	辰,相生(金生水)	未,相克(金勝木)	赤肉、北方		外鬼父枼(世)、巫、室鬼
金	丑	東吉	巳,自逢生旺	酉,自逢生旺	子,相生(金生水)	膪肉、東方		外鬼、巫

① 參見朱玲、楊峰:《睡虎地秦簡〈日書〉醫療疾病史料淺析》,《中國中醫基礎醫學雜誌》2007年第 5 期,第 388—389 頁。

續　表

分類	疾日	方向、吉凶	小瘳日,原理	大瘳日,原理	死生日,原理	病因	把者色	祟源
金	巳	東吉	申,相生（金生水）	亥,相克（金勝木）	寅,相克（火勝金）	赤肉、東方		高王父
水	辰	東吉	酉,相生（金生水）	戌,相克（水勝火）	子,自逢生旺	乾肉、東方	精（青）色	巫
	申	東北得	子,自逢生旺	□	辰,自逢生旺	鮮魚、西方	白色	王父
	子	東吉	辰,自逢生旺	午,相克（水勝火）	申,自逢生旺	黑肉、北方	黑色	外鬼父葉(世)、高王父、豕☑

　　睡虎地秦簡《日書》乙種《十二支占》中可見運用地支原理占斷病情變化的內容。然而,此篇的疾日、小瘳日、大瘳日、死生日、病因、把者色、祟源等不僅時間長度各異,亦未見任何五行規律,可能是巫者任意占斷病情變化。

　　此外,若運用睡虎地秦簡《日書》篇所見之天干、五行三合局等五行原理,就睡虎地秦簡《日書》甲乙兩種各篇的發病情況的統計而言,可得如下列表(表11)。

表 11　《日書》各篇所見之發病情況統計

分　類	木	火	土	金	水
《睡虎地》天干	〔甲、乙〕	丙、丁	戊、己	庚、辛	壬、癸
發病次數	2,3	5,2	3,3	2,4	2,2
《睡虎地》五行三合局	未、亥、卯	〔戌、寅、午〕		酉、丑、巳	辰、申、子

續　表

分　類	木	火	土	金	水
發病次數	3、3、4	1、3、7	0	3、4、4	3、2、2
總　計	15	18	6	17	11

在《日書》甲種《病》與《日書》乙種《室忌》中,巫者進行占卜問病的内容,已與當時流行的五行觀念基本一致,可謂中國醫學逐漸運用陰陽五行之結果。[①]

三、《日書》篇所見之祝由巫術[*]

(一) 先秦文獻的記載

"祝由",乃中國古代以祝禱符咒治病的方術,即祝説病由以治病之巫術,主要以祈禱、祭祀、咒語、簡單的肢體動作構成,[②]後世稱以符咒禳病者爲"祝由科"。[③] 兩周時期的文獻中,祝由巫術之例如《尚書·金縢》記載武王有病,長久不愈,周公乃設壇向天神、祖神祈禱之事:

> 既克商二年,王有疾,弗豫。二公曰:"我其爲王穆卜。"周公曰:
> "未可以戚我先王。"公乃自以爲功,爲三壇同墠。爲壇於南方,北面,
> 周公立焉。植璧秉珪,乃告大王、王季、文王。史乃册祝曰:"惟爾元
> 孫某,遘厲虐疾。若爾三王,是有丕子之責于天,以旦代某之身。予
> 仁若考,能多材多藝,能事鬼神。乃元孫不若旦多材多藝,不能事鬼

---

① 有關中國醫學對陰陽五行的運用,可參閱趙容俊:《早期中國醫學與陰陽五行思想考察》,(韓國)《民族文化論叢》2012 年第 52 輯,第 724—756 頁。亦可參考趙容俊:《清華簡所見的陰陽五行觀念小考》,(韓國)《東洋古典研究》2019 年第 74 輯,第 65—96 頁。

* 本文原收録於(韓國)《人文學研究》2020 年第 121 輯,第 265—286 頁。本項目爲 2019 年四川省社會科學重點研究基地"中國出土醫學文獻與文物研究中心"成果,項目編號 CTYX06。

② 趙容俊:《先秦巫者的醫療活動研究》,清華大學 2010 年博士學位論文(指導教師:李學勤),第 127—143 頁。

③ 參見漢語大詞典編輯委員會編:《漢語大詞典》(第七册),漢語大詞典出版社,1991—1994 年,第 892 頁。此外,《説文解字》"禮":"禱,祝禱也。从示,畱聲。"段注:"惠氏士奇曰:'《素問》黃帝曰:"古之治病,可祝由而已。"祝由,即祝禱也。已,止也。'"(清) 段玉裁注:《説文解字注》卷一上,藝文印書館,1994 年,第 6 頁。

神。乃命于帝庭，敷佑四方，用能定爾子孫于下地。四方之民，罔不
祗畏。嗚呼！無墜天之降寶命，我先王亦永有依歸。今我即命于元
龜，爾之許我，我其以璧與珪，歸俟爾命。爾不許我，我乃屛璧與珪。"
乃卜三龜，一習吉。啟籥見書，乃并是吉。公曰："體，王其罔害。予
小子新命于三王，惟永終是圖，兹攸俟，能念予一人。"公歸，乃納册于
金滕之匱中。王翼日乃瘳。①

周公爲武王的久病祈禱，請求以身代，不久武王病愈。② 司馬遷亦引《尚
書·金滕》而著《魯周公世家》，意在表彰周公文德。此外，《管子·小問》亦云：

〔齊〕桓公踐位，令鬵社塞禱。祝鳧、已疕獻胙。祝曰："除君苛
疾，與若之多虛而少實。"③

由二文可知，兩周時期，巫者曾用祈禱的方式，即施行"祝由"之法乞求神
靈寬恕。④

　　荆門地區出土的包山楚簡中，亦多記載請求鬼神先人賜福、保佑
之事：

　　大司馬悼愲（慴）送（率）楚邦之帀（師）徒呂（以）救（救）郙

---

① （清）阮元校刻：《十三經注疏（附校勘記）》（上册），《尚書》卷十三，第196—197頁。
② 參見李學勤：《〈尚書·金滕〉與楚簡禱辭》，《文物中的古文明》，商務印書館，2008年，第
408—412頁。此外，《史記·魯周公世家》又記載周公爲成王的疾病祈禱，請求以身代，不久成王病愈
之事："初，成王少時，病，周公乃自揃其蚤沈之河，以祝於神曰：'王少未有識，奸神命者乃旦也。'亦藏
其策於府。成王病有瘳。"（漢）司馬遷撰，（宋）裴駰集解，（唐）司馬貞索隱，（唐）張守節正義：《史
記》（第五册）卷三十三，第1520頁。
③ 黎翔鳳撰，梁運華整理：《管子校注》（中册）卷十六，中華書局，2004年，第967—968頁。
④ 牟鍾鑒、張踐合著：《中國宗教通史》（上册），社會科學文獻出版社，2000年，第208頁。此
外，巫者以"祝由"之法攘除疾病，亦見於今本《黄帝內經》，如《黄帝內經素問·移精變氣論》："黄帝問
曰：'余聞古之治病，惟其移精變氣，可祝由而已。今世治病，毒藥治其內，鍼石治其外，或愈或不愈，
何也？'岐伯對曰：'往古人居禽獸之間，動作以避寒，陰居以避暑，內無眷慕之累，外無伸官之形，此恬
憺之世，邪不能深入也。故毒藥不能治其內，鍼石不能治其外，故可移精祝由而已。'"（唐）王冰次
注，（宋）林億等校正：《黄帝內經素問》卷四，載《文淵閣四庫全書》（第七三三册），臺灣商務印書館，
1983—1986年，第49—50頁。《靈樞經·賊風》亦云："〔黄帝曰：〕'其毋所遇邪氣，又毋怵惕之所志，
卒然而病者，其故何也？唯有因鬼神之事乎？'岐（歧）伯曰：'此亦有故邪，留而未發，因而志有所惡，
及有所慕，血氣內亂，兩氣相搏。其所從來者微，視之不見，聽而不聞，故似鬼神。'黄帝曰：'其祝而已
者，其故何也？'岐（歧）伯曰：'先巫者，因知百病之勝，先知其病之所從生者，可祝而已也。'"（唐）王
冰注，（宋）史崧校正音釋：《靈樞經》卷九，載《文淵閣四庫全書》（第七三三册），臺灣商務印書館，
1983—1986年，第394頁。據二文可知，今本《黄帝內經》中，亦記述上古的巫者以"祝由"之法治病。

戠＝(之歲)，𦎧𡨦肓＝(之月)，己卯音＝(之日)，盬(鹽)吉吕(以)琛豙(家)爲左尹舵貞(貞)：既腹心疾，吕(以)走(上)懸(氣)，不甘飤(食)，舊(久)不瘥(瘥)，尚遬(速)瘥(瘥)，毋又(有)柰(奈)。占之：死(恒)貞(貞)吉。疾難瘥(瘥)，吕(以)其古(故)敓(説)之。舉(與)禱犬，一豬；侯(后)土、司命，各一牂。舉(與)禱大水，一膚(豬)；二天子，各一牂。佹山，一羖(羖)。舉(與)禱楚先老僮、祝融(融)、媸(鬻)酓(熊)，各兩羖(羖)。亯(享)祭筥(竹)之高丘、下丘，各一全豢。囟(思)左尹舵遂(踐)復(復)尻(處)。囟(思)攻解於戠(歲)，盬(鹽)吉占之曰："吉。"(236—238)①

上引簡文的大意，乃是墓主左尹邵舵得腹心疾以占卜問病，且以各種"祝由"醫療巫術之法，向神靈進行祭禱。可見戰國時期的包山楚簡中，亦有巫者從事祝由巫術的內容。

除上引向神靈進行祭禱的"祝由"醫療巫術外，亦可見複合式的祝由巫術，即巫術性語言與肢體動作相結合。如 1973 年在長沙馬王堆第 3 號漢墓中發現的一批醫書，多反映先秦時期古人的各種醫學思維方式。馬王堆帛書《五十二病方》篇中，便可見此複合式的醫療巫術，其以"湩(唾)、賁(噴)、吹"與"禹步三"等巫術性肢體動作②和念誦咒語病方爲主，大多在念誦咒語之前或後進行，比如：

瘻(癘)：一，湩(唾)之，賁(噴)："兄父産大山，而(爾)居氏(是)谷下，〔□□〕系而，□〔□□〕而，鳳＝(鳳鳥)〔□□。毋敢上下〕尋＝(尋，尋)，家(喙)且貫而(爾)心。"(82—83 行)

穨(癩)：一，令穨(癩)者北首臥北鄉(嚮)廡中，禹步三，步嘑

① 上列簡文的釋文，可參考陳偉等著《楚地出土戰國簡册(十四種)》的隸定與考釋。陳偉等著：《楚地出土戰國簡册(十四種)》(全一册)《包山 2 號墓簡册(附簽牌)》，經濟科學出版社，2009 年，第 91—118 頁。亦可參見湖北省荊沙鐵路考古隊編：《包山楚簡》(全一册)《包山二號楚墓簡牘釋文與考釋》，文物出版社，1991 年，第 32—59 頁。

② 此皆爲巫醫效仿巫者跳舞舉行巫儀的動作，有震懾鬼魅、鎮妖驅邪、逐鬼驅疫以治病的涵義。詳見趙容俊：《先秦巫者的醫療活動研究》，清華大學 2010 年博士學位論文(指導教師：李學勤)，第 127—143 頁。

（呼）曰："吁！狐麂。"三；若智（知）某病狐父▢。（223 行）

　　▢闌（爛）者方：一，熱（燒）者，〔祝〕由曰："胅胅詘詘，從竈（竈）出毋延，黃神且與言。"即三湵（唾）之。（318 行）①

黃神本是竈神，也是火神。由此可知，馬王堆帛書《五十二病方》篇中，已可見古人曾用巫術性語言與肢體動作結合等方式，施行"祝由"之法乞求除病驅鬼。②

　　總之，先秦各種傳統文獻與出土文獻材料中已可見巫者所從事的祝由術。換言之，古人在罹病時，不僅求神問卜，還舉行祭祀祈禱以求痊癒的祝由活動。

（二）《日書》篇的記載

　　睡虎地秦簡《日書》甲種《病》（圖 7）言及鬼神降祟的致病之因，且強調報祭之舉等，其中不乏以祝由巫術治病的記載。此處舉睡虎地秦簡《日書》甲種爲例：

　　•**病**：甲乙有疾，父母爲祟，得之於肉，從東方來，裹以桼（漆）器。戊己病，庚有〔間〕，辛酢。若不〔酢〕，煩居東方，歲在東方，青色死。（68 貳—69 貳）

　　丙丁有疾，王父爲祟，得之赤肉、雄鷄、酉（酒）。庚辛病，壬有間，癸酢。若不酢，煩居南方，歲在南方，赤色死。（70 貳—71 貳）

　　戊己有疾，巫堪行、王母爲祟，得之於黃色索魚、菫酉（酒）。壬癸病，甲有間，乙酢。若不酢，煩居邦中，歲在西方，黃色死。（72 貳—73 貳）

---

　　① 上列馬王堆帛書《五十二病方》篇的全部釋文，亦可參考裘錫圭主編的《長沙馬王堆漢墓簡帛集成》（第伍册）的重新隸定與考釋。裘錫圭主編，湖南省博物館、復旦大學出土文獻與古文字研究中心編纂：《長沙馬王堆漢墓簡帛集成》（第伍册），中華書局，2014 年，第 230—271 頁。
　　② 趙容俊：《先秦巫者的醫療活動研究》，清華大學 2010 年博士學位論文（指導教師：李學勤），第 139—143 頁。亦可參見趙容俊：《A Research on the Shamanistic Medical Activities as Seen in the Recipes for Fifty-two Ailments 五十二病方 Written in the Mawangdui 馬王堆 Silk Manuscript：馬王堆帛書〈五十二病方〉篇所見之醫療巫術考察》，（韓國）《醫史學》2019 年第 28 卷第 3 號，第 755—785 頁。

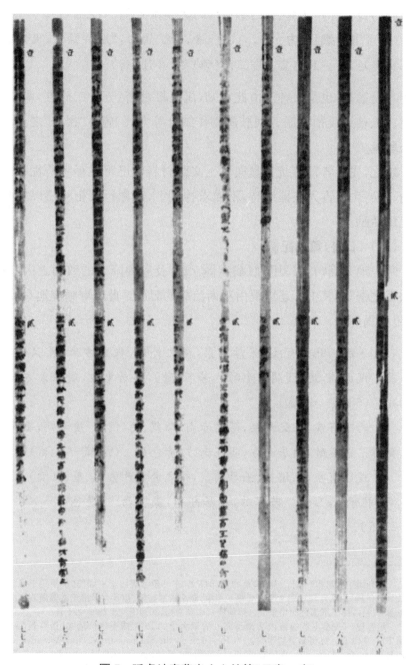

圖 7　睡虎地秦墓出土之竹簡《日書‧病》

庚辛有疾,外鬼傷(殤)死爲祟,得之犬肉、鮮卵白色。甲乙病,丙有閒,丁酢。若不酢,煩居西方,歲在西方,白色死。(74 貳—75 貳)

壬癸有疾,母(毋)逢人,外鬼爲祟,得之於酉(酒)、脯、脩、節肉。丙丁病,戊有閒,己酢。若不酢,煩居北方,歲在北方,黑色死。(76 貳—77 貳)①

文中的"父母""王父""王母""外鬼傷(殤)死""外鬼"等,皆爲降祟致病的鬼神。戰國末期至秦代,古人對於各種疾病之因,仍歸咎於鬼神作祟,並基於五行原理,以巫術之法治病,②舉行報神之祭的"酢"。

又睡虎地秦簡《日書》乙種各篇中亦有:

十二支占：子以東吉,……以入,見疾。以有疾,辰少(小)翏(瘳),午大翏(瘳),死生在申,黑肉從北方來,把者黑色,外鬼父葉(世)爲姓(眚),高王父譴適(謫),豕☒。(157—158)

丑以東吉,……以有疾,巳少(小)翏(瘳),酉大翏(瘳),死生在子,脂肉從東方來,外鬼爲姓(眚),巫亦爲姓(眚)。(159A＋179B＋160)

寅以東北吉,……以有疾,午少(小)翏(瘳),申大翏(瘳),死生在子,☒巫爲姓(眚)。(161—162)

卯以東吉,北見疾,……以有疾,未少(小)翏(瘳),申大翏(瘳),死生在亥,狗肉從東方來,中鬼見社爲姓(眚)。(163—164)

辰以東吉,……以有疾,酉少(小)翏(瘳),戌大翏(瘳),死生在子,乾肉從東方來,把者精(青)色,巫爲姓(眚)。(165—166)

巳以東吉,……南見疾。……以有疾,申少(小)翏(瘳),亥大翏

---

① 睡虎地秦墓竹簡整理小組編：《睡虎地秦墓竹簡》,第193—194頁。上列睡虎地秦簡的全部釋文,亦可參考陳偉主編的《秦簡牘合集(壹)睡虎地秦墓簡牘》的重新隸定與考釋。陳偉主編,武漢大學簡帛研究中心、湖北省博物館、湖北省文物考古研究所編：《秦簡牘合集(壹)睡虎地秦墓簡牘》,武漢大學出版社,2014年。又可參閱王子今：《睡虎地秦簡〈日書〉甲種〈病〉篇釋讀》,《秦文化論叢》第10輯,三秦出版社,2003年。

② 有關先秦時期鬼神作祟以及以巫術禳治,可參閱呂亞虎：《戰國秦漢簡帛文獻所見巫術研究》,科學出版社,2010年,第161—185頁。

（瘳），死生在寅，赤肉從東方來，高王父譴姓（眚）。（167—168）

午以東先行，……有疾，戌少（小）瘳（瘳），子大瘳（瘳），死生〔在〕寅，赤肉從南方來，把者赤色，外鬼兄枼（世）爲姓（眚）。（169A＋175B＋170）

未以東得，……以有疾，子少（小）瘳（瘳），卯大瘳（瘳），〔死〕生在寅，赤〔肉〕從南方來，把者〔赤〕色，母枼（世）外死爲姓（眚）。（171—172）

申以東北得，……以有疾，子少（小）瘳（瘳），□〔大瘳（瘳）〕，死生在辰，鮮魚從西方來，把者白色，王父譴牲（牲）爲姓（眚）。（173—174）

酉以東藺（吝），……〔有疾〕，丑少（小）瘳（瘳），辰大瘳（瘳），〔死〕生在未，赤肉從北方來，外鬼父枼（世）見而欲，巫爲姓（眚），室鬼欲狗（拘）。（175A＋169B＋176）

戌以東得，……以有疾，卯少（小）瘳（瘳），辰大瘳（瘳），死生在酉，鮮魚從西方來，把者白色，高王父爲姓（眚），壄（野）立（位）爲□。（177—178）

亥以東南得，……〔以有疾〕，卯少（小）瘳（瘳），巳大瘳（瘳），死生〔在申〕，黑肉從東方來，母枼（世）見之爲姓（眚）。（179A＋199B＋180）

■有疾：甲乙有疾，禺（遇）御（逢）於豕肉，王父欲殺，生人爲姓（眚）。有病者必五病而□有間。不間，死，煩〔在〕□〔色〕亡。（182A＋182B）

丙丁有疾，王父爲姓（眚），得赤肉、雄雞、酒。庚辛病，壬間，癸酢。煩及歲皆在南方，其人赤色，死火日。（183）

戊己有疾，巫堪、王父爲〔姓（眚）〕，□□□〔索魚、菫〕□。□〔間，□間，乙〔酢。不酢〕，□□〔邦〕中，中歲在西〔方〕，人黃色，死土日。（184）

庚辛有疾，外鬼傷（殤）死爲姓（眚），得於肥肉、鮮魚、卵。〔甲乙

病,丙〕有閒,丁酢。不□,☒死☒。(185—186)

　　壬〔癸〕□□,□□□人,外鬼爲姓(眚),得於酉(酒)、脯、脩、節肉。丙丁病,戊有閒,己酢。不酢,煩在北〔方〕,人黑☒。(187)①

如同《日書》甲種《病》,上文中的"外鬼父葉(世)""高王父""王父""巫""母葉(世)外死""中鬼""生人""外鬼傷(殤)死""外鬼"等等,亦皆爲降祟致病的鬼神。戰國晚期的睡虎地秦簡《日書》乙種各篇中,已可見巫者基於地支或五行原理,從事祝由之術。

　　此外,睡虎地秦簡《日書》篇記載的醫療活動中,雖未盡見"湼(唾)、賁(噴)、吷"與"禹步三"等巫術性肢體動作,但可見古人曾用祝由巫術之語乞求除病驅鬼。② 此種巫術性語言,即"咒禁療法",於睡虎地秦簡《日書》甲種中僅見一二:

　　詰:人毋(無)故而憂也,爲桃更(梗)而敃(撍)之,以癸日日入投之道,遽曰:"某。"免於憂矣。(54 背貳—55 背貳)

　　一室中臥者眯也,不可以居,是鼍鬼居之。取桃枱〈桮〉楄四隅中央,以牡棘刀刊其宮蘠(牆),讓(呼)之曰:"復,疾趣(趨)出。今日不出,以牡〔棘〕刀皮而衣。"則毋(無)央(殃)矣。(24 背叄—26 背叄)③

據此可知,睡虎地秦簡《日書》甲種《詰》中,已可見祝由巫術之語,即以"念誦咒語"的方式治病。但若參照馬王堆帛書《五十二病方》篇的内容,④當時人應已運用巫術性語言與肢體動作兩者結合的方式,而睡虎

---

① 睡虎地秦墓竹簡整理小組編:《睡虎地秦墓竹簡》,第 245—247 頁。
② 巫術性肢體動作之一的"禹步三"與念誦咒語兩者結合的記載,在睡虎地秦簡《日書》篇中亦多見之。如《日書》甲種:"行到邦門困(閫),禹步三,勉壹步,讓(呼):'皋,敢告曰:某行毋(無)咎,先爲禹除道。'即五畫地,抯其畫中央土而懷之。(111 背—112 背)"睡虎地秦墓竹簡整理小組編:《睡虎地秦墓竹簡》,第 223—224 頁。
③ 睡虎地秦墓竹簡整理小組編:《睡虎地秦墓竹簡》,第 214 頁。
④ 詳見裘錫圭主編,湖南省博物館、復旦大學出土文獻與古文字研究中心編纂:《長沙馬王堆漢墓簡帛集成》(第伍册),第 213—308 頁。亦可參見趙容俊:《A Research on the Shamanistic Medical Activities as Seen in the Recipes for Fifty-two Ailments 五十二病方 Written in the Mawangdui 馬王堆 Silk Manuscript: 馬王堆帛書〈五十二病方〉篇所見之醫療巫術考察》,(韓國)《醫史學》2019 年第 28 卷第 3 號,第 755—785 頁。

地秦簡《日書》篇中暫未見之。

(三)《日書》篇所見之祝由巫術的特徵

筆者以睡虎地秦簡《日書》篇所見祝由巫術的特徵爲主進行分析。《日書》甲種《病》所見以五行原理治病的内容,若與《黄帝内經素問・藏氣法時論》《黄帝内經素問・刺熱》等篇互爲比對,[①]再結合當時流行的五行觀念,[②]可列表整理如下(表 12)。由於《日書》乙種《有疾》與《日書》甲種《病》内容近似,此處暫不討論。

表 12　《日書》甲種《病》所見之祝由巫術的特徵

分　類	木	火	土	金	水
《睡虎地》天干	〔甲、乙〕	丙、丁	戊、己	庚、辛	壬、癸
《睡虎地》相克	木勝土	火勝金	土勝水	金勝木	水勝火
《病》疾日	甲、乙	丙、丁	戊、己	庚、辛	壬、癸
《病》祟源	父母	王父	巫堪行、王母	外鬼傷(殤)死	外鬼
《病》病因	肉、東方、桼(漆)器	赤肉、雄鷄、酉(酒)	黄色索魚、菫酉(酒)	犬肉、鮮卵白色	酉(酒)、脯、脩、節肉

---

　　① 藏氣即臟氣。以五行原理治病,今本《黄帝内經》中亦可見之。如《黄帝内經素問・藏氣法時論》記載云:"黄帝問曰:'合人形以法四時五行而治,何如而從,何如而逆? 得失之意,願聞其事。'歧伯對曰:'五行者,金木水火土也。更貴更賤,以知死生,以決成敗,而定五藏之氣,間甚之時,死生之期也。'……〔歧伯曰:〕'……肝病者,愈在丙丁,丙丁不愈,加於庚辛,庚辛不死,持於壬癸,起於甲乙。……心病者,愈在戊己,戊己不愈,加於壬癸,壬癸不死,持於甲乙,起於丙丁。……脾病者愈在庚辛,庚辛不愈,加於甲乙,甲乙不死,持於丙丁,起於戊己。……肺病者,愈在壬癸,壬癸不愈,加於丙丁,丙丁不死,持於戊己,起於庚辛。……腎病者,愈在甲乙,甲乙不愈,甚於戊己,戊己不死,持於庚辛,起於壬癸。……夫邪氣之客於身也,以勝相加,至其所生而愈,至其所不勝而甚,至於所生而持,自得其位而起。必先定五藏之脉,乃可言間甚之時,死生之期也。'"(唐)王冰次注,(宋)林億等校正:《黄帝内經素問》卷七,載《文淵閣四庫全書》(第七三三册),第80—82頁。此外,《黄帝内經素問・刺熱》亦云:"肝熱病者,……庚辛甚,甲乙大汗,氣逆則庚辛死。……心熱病者,……壬癸甚,丙丁大汗,氣逆則壬癸死。……脾熱病者,……甲乙甚,戊己大汗,氣逆則甲乙死。……肺熱病者,……丙丁甚,庚辛大汗,氣逆則丙丁死。……腎熱病者,……戊己甚,壬癸大汗,氣逆則戊己死。"同上,第105—106頁。
　　② 如前引睡虎地秦簡《日書》甲乙種材料,可知當時的五行觀念已基本具有現行的五行次第,還可見五行相克、五行三合局等内容。

續　表

分　類	木	火	土	金	水
《病》病日，原理	戊、己，相克（木勝土）	庚、辛，相克（火勝金）	壬、癸，相克（土勝水）	甲、乙，相克（金勝木）	丙、丁，相克（水勝火）
《病》間日，原理	庚，相克（金勝木）	壬，相克（水勝火）	甲，相克（木勝土）	丙，相克（火勝金）	戊，相克（土勝水）
《病》酢日	辛，相克（金勝木）	癸，相克（水勝火）	乙，相克（木勝土）	丁，相克（火勝金）	己，相克（土勝水）
《病》煩居方位	東方	南方	邦中	西方	北方
《病》歲星位置	東方	南方	西方	西方	北方
《病》死色	青色	赤色	黃色	白色	黑色
《素問》五臟①，病名	肝，肝病	心，心病	脾，脾病	肺，肺病	腎，腎病
《素問》病愈日，原理	丙、丁，相生（木生火）	戊、己，相生（火生土）	庚、辛，相生（土生金）	壬、癸，相生（金生水）	甲、乙，相生（水生木）
《素問》病甚日，原理	庚、辛，相克（金勝木）	壬、癸，相克（水勝火）	甲、乙，相克（木勝土）	丙、丁，相克（火勝金）	戊、己，相克（土勝水）
《素問》病持日，原理	壬、癸，相生（水生木）	甲、乙，相生（木生火）	丙、丁，相生（火生土）	戊、己，相生（土生金）	庚、辛，相生（金生水）
《素問》病起日，原理	甲、乙，自逢生旺	丙、丁，自逢生旺	戊、己，自逢生旺	庚、辛，自逢生旺	壬、癸，自逢生旺

　　由此可知，睡虎地秦簡《日書》甲種《病》中，已可見總結"五行相克"的內涵，並提及不同的治病之法。② 然而，若與兩漢時期成書的《黃帝内經》

---

　　① 《素問》的五臟分類可參考鄺芷人：《陰陽五行及其體系》（增訂版），文津出版社，1998 年，第287 頁。

　　② 李密：《睡虎地〈日書〉〈病〉、〈有疾〉篇新研——自中國醫學思想史角度的再考察》，《北大史學》2011 年第 1 期，第 1—15、384 頁。

已兼施相生相克原理相比,①《日書》甲種《病》獨見以"五行相克"治病,反映了戰國晚期的醫療水平。其處於早期中國醫學的萌芽階段,爲《黃帝内經》的出現奠定了基礎。

　　若將睡虎地秦簡《日書》乙種《十二支占》所見祝由巫術與放馬灘秦簡《日書·五行書》②《淮南子·天文》③《黃帝内經素問·六微旨大論》④等篇所見五行三合局、五行相生等原理互爲比對,可得下表(表13)。

表13　《日書》乙種《十二支占》所見之祝由巫術的特徵

分　類	木	火	土	金	水
《日書》五行三合局	未、亥、卯	〔戌、寅、午〕		酉、丑、巳	辰、申、子
《放馬灘》五行三合局	亥、卯、未	寅、午、戌		巳、酉、丑	申、子、辰
《淮南子》五行三合局	亥、卯、未	寅、午、戌	午、戌、寅	巳、酉、丑	申、子、辰
《素問》五行三合局	亥、卯、未	寅、午、戌		巳、酉、丑	申、子、辰

---

　　①　對於今本《黃帝内經素問》《靈樞經》的成書年代,日本學者山田慶兒在《科學——中國與世界》中曾論及:"於此不能詳述,但現存《黃帝内經》(《素問》《靈樞》)中,西漢時期寫成的不超過20篇,其餘爲從王莽新朝至後漢初期所寫,這是我現在的看法。"(日) 山田慶兒:《中醫學的歷史與理論》,載吳之靜主編:《科學——中國與世界》,科學普及出版社,1992年,第114頁。亦可參見山田慶兒著,廖育群、李建民編譯:《中國古代醫學的形成》,東大圖書公司,第26頁。筆者據山田慶兒的研究,暫將其視爲兩漢文獻。

　　②　1986年發現的放馬灘秦簡《日書》篇所見之五行三合局、五行相生關係等內容,見《日書》乙種《五行書》載:"■火,生寅,壯午,老戌。·金,生巳,壯酉,老丑。·水,生申,壯子,老辰。·木,生亥,壯卯,老未。·水生木。■木生火。■火生土。(73—77下段)"甘肅省文物考古研究所編:《天水放馬灘秦簡》,中華書局,2009年,第90—91頁。

　　③　《淮南子·天文》有五行三合局、五行原理與干支、五行相生關係等記載:"木生於亥,壯於卯,死於未,三辰皆木也。火生於寅,壯於午,死於戌,三辰皆火也。土生於午,壯於戌,死於寅,三辰皆土也。金生於巳,壯於酉,死於丑,三辰皆金也。水生於申,壯於子,死於辰,三辰皆水也。……甲乙寅卯,木也;丙丁巳午,火也;戊己四季,土也;庚辛申酉,金也;壬癸亥子,水也。水生木,木生火,火生土,土生金,金生水。"張雙棣:《淮南子校釋》卷三,北京大學出版社,1997年,第374—392頁。

　　④　今本《黃帝内經素問·六微旨大論》有五行三合局的記載:"帝曰:'願聞其歲候何如?'歧伯曰:'……是故寅午戌歲氣會同,卯未亥歲氣會同,辰申子歲氣會同,巳酉丑歲氣會同,終而復始。'"(唐) 王冰次注,(宋) 林億等校正:《黃帝内經素問》卷十九,載《文淵閣四庫全書》(第七三三冊),第221頁。

續　表

分　類	木	火	土	金	水
《十二支占》方向、吉凶	東吉；東得；東南得	東北吉；☑；東得		東吉；東吉；東薗(吝)	東吉；東吉；東北得
《十二支占》疾日	卯；未；亥	寅；午；戌		丑；巳；酉	子；辰；申
《十二支占》小瘳日	未；子；卯	午；戌；卯		巳；申；丑	辰；酉；子
《十二支占》大瘳日	申；卯；巳	申；子；辰		酉；亥；辰	午；戌；☑
《十二支占》死生日	亥；寅；申	子；寅；酉		子；寅；未	申；子；辰
《十二支占》病因	狗肉、東方；赤〔肉〕、南方；黑肉、東方	☑；赤肉、南方；鮮魚、西方		膌肉、東方；赤肉、東方；赤肉、北方	黑肉、北方；乾肉、東方；鮮魚、西方
《十二支占》把者色	□；〔赤〕色；□	☑；赤色；白色			黑色；精(青)色；白色
《十二支占》祟源	中鬼；母槩(世)外死；母槩(世)	巫；外鬼兄槩(世)；高王父、壄(野)立(位)		外鬼、巫；高王父、外鬼父槩(世)、巫、室鬼	外鬼父槩(世)、高王父、豕☑；巫；王父
《日書》相克	木勝土	火勝金	土勝水	金勝木	水勝火
《放馬灘》相生	木生火	火生土	〔土生金〕	〔金生水〕	水生木
《淮南子》五行相生	木生火	火生土	土生金	金生水	水生木
《淮南子》地支	寅、卯	巳、午	丑、未、辰、戌	申、酉	亥、子

　　據此可知，睡虎地秦簡《日書》乙種《十二支占》中，已可見運用地支原

理治病的内容。然而,此篇的疾日、小瘳日、大瘳日、死生日、病因、把者色、祟源等之間,不僅時間長度各異,且其間又未見任何五行規律,應屬巫者任意占斷病情變化之例。

若參照上表,就睡虎地秦簡《日書》甲乙兩種各篇所見祝由巫術的主要特徵而言,當時的五行原理尚未全面應用。然而,若視《日書》甲種《病》與《日書》乙種《有疾》等篇,巫者進行占卜問病及祝由巫術,則與當時流行的五行觀念基本一致,[①]可謂中國醫學逐漸運用陰陽五行之結果,亦爲中國古代巫者利用五行觀念治病的良例。

此外,念誦咒語,亦爲巫術性療法的重要組成部分之一,故上引《日書》篇中的"謣(呼)之曰"與其咒文,便屬於精神療法之一的"咒禁療法"。古人認爲運用此種咒禁療法,能威懾厲鬼而逐鬼驅疫。雖無濟於事,但有一定的安慰病者心理的功效。

綜上所陳,睡虎地秦簡《日書》篇中,多見巫者運用五行原理治病,亦可見巫者念誦咒語以乞求神靈除病驅鬼,即"祝由"之法。後世巫、醫雖已分離且專業化,但此種療法在中國歷代醫學機構中,仍可見之。

四、《日書·詰》所見之醫療巫術活動[*]

筆者以逐疫除凶、儺舞活動等重要特色爲主,討論睡虎地秦簡《日書》甲種《詰》所見之醫療巫術的主要内容。

(一) 逐疫除凶活動

中國古代巫者擔任疾疫防治工作,在文獻中有"逐疫除凶"與"儺"兩大類,即水寑(以水洗寑)、毆寑(毆除穢物)、搜寑(毆除蟲物及不祥疾疫)等祓除疾疫活動,以及儺舞驅鬼的活動。[②]睡虎地秦簡《日書》甲種《詰》亦可見逐疫除凶、儺舞活動等内容。兹舉例於下。

---

① 楊華:《出土日書與楚地的疾病占卜》,《武漢大學學報(人文科學版)》2003 年第 5 期,第565—568 頁。

* 本文原收録於(日本)《中國出土資料研究》2020 年第 24 號,第 131—142 頁。

② 詳見趙容俊:《甲骨卜辭所見之巫者的醫療活動》,《史學集刊》2004 年第 3 期,第 1—9 頁。

1. 先秦文獻的記載

先秦文獻中有關逐疫除凶的記載屢見不鮮，如《周禮·男巫》云：

> 男巫：……冬堂贈，無方無筭。春招弭，以除疾病。[1]

杜子春云："堂贈謂逐疫也。"[2]

又《周禮·女祝》云：

> 女祝：……掌以時招、梗、禬、禳之事，以除疾殃。[3]

文中的招、梗、禬、禳爲四種除疾的祭名，招祭爲招取善祥，梗祭爲豫災之祭，禬、禳乃除災之祀。此種祭祀，均屬於驅逐疾疫的巫術行爲。

除此之外，1973 年長沙馬王堆第 3 號漢墓中發現一批醫書，反映先秦時期古人的各種醫學思維方式。如馬王堆帛書《五十二病方》篇有：

> 痒：(癭)病：一，以己巳晨虒(嘑)，東鄉(嚮)弱(溺)之。不已(已)，復之。(196 行)

> 癪(癩)：一，以稈爲弓，以顱衣爲孫(弦)，以萵爲矢，以□羽□。旦而射，莫(暮)即□小。(227 行)

> 一，穿小瓠壺，令其空(孔)盡容癪(癩)者腎與寧(膟)，即令癪(癩)者煩夸(瓠)，東鄉(嚮)坐於東陳垣下，即内(納)腎、寧(膟)於壺空(孔)中，而以采爲四寸杙二七，即以采木椎竅(劋)之。一□□，再竅(劋)之。巳(已)竅(劋)，輒桾(插)杙垣下，以盡二七杙而巳(已)。爲之恒以入月旬六日□□盡，日一爲，□再爲之，爲之恒以星出時爲之，須癪(癩)巳(已)而止。(230—233 行)[4]

"膟"應即朘，"煩(捲)"猶握也，"采木"即今之櫟木，"劋"當爲叩擊義，"須"

---

①　(清) 阮元校刻：《十三經注疏(附校勘記)》(上册)，《周禮》卷二十六，第 816 頁。

②　同上。

③　同上，《天官冢宰》卷八，第 690 頁。

④　上列馬王堆帛書《五十二病方》的全部釋文，亦可參考裘錫圭主編的《長沙馬王堆漢墓簡帛集成》(第伍册)的重新隸定與考釋。裘錫圭主編，湖南省博物館、復旦大學出土文獻與古文字研究中心編纂：《長沙馬王堆漢墓簡帛集成》(第伍册)，2014 年，第 249—257 頁。

猶等待。可見古人藉助具有神秘力量的物事作爲治療方法,或利用病鬼厭惡的穢惡之物,或利用象征性的工具與舉動祛除作祟的病魔。① 此種想法與措施,皆屬於巫術性的逐疫除凶活動。

2.《日書·詰》的記載

睡虎地秦簡《日書》篇所見巫者逐出癘疫及被除不祥的巫術活動可見《日書》甲種《詰》,其不僅言及鬼神降祟的致病之因,且提出解除之方:

> **詰:**一宅中毋(無)故而室人皆疫,或死或病,是是棘鬼在焉。正立而貍(埋),其上旱則淳,水則乾。屈(掘)而去之,則止矣。(37背壹—39背壹)
>
> 一宅之中毋(無)故室人皆疫,多晉(夢)米(寐)死,是匋(孕)鬼貍(埋)焉。其上毋(無)草,如席處。屈(掘)而去之,則止矣。(40背壹—42背壹)
>
> 人毋(無)故一室人皆疫,或死或病,丈夫女子隋(墮)須(鬚)羸髮黃目,是宊(是)宊(殀)人生爲鬼。以沙人一升,挃(挃)其舂臼,以黍肉食宊(殀)人,則止矣。(43背壹—46背壹)
>
> 人之六畜毋(無)故而皆死,欲鬼之氣入焉。乃疾,癬(癬)瓦以還□□□□,□已矣。(56背壹—57背壹)
>
> 人毋(無)故而心悲也,以桂長尺有尊(寸)而中折,以望之日,日始出而食之,已乃痈(舖),則止矣。(67背壹—68背壹)
>
> 一室人皆毋(無)氣以息,不能童(動)作,是狀神在其室。屈(掘)遝泉,有赤豕,馬尾犬首,亯(烹)而食之,美氣。(36背貳—38背貳)
>
> 一室人皆夙(縮)筋,是會虫居其室西臂(壁)。取西南隅,去地五尺,以鐵椎樹之,必中虫首,屈(掘)而去之。弗去,不出三年,一室皆

① 呂亞虎:《戰國秦漢簡帛文獻所見巫術研究》,科學出版社,2010年,第188—190頁。亦可參見趙容俊:《A Research on the Shamanistic Medical Activities as Seen in the Recipes for Fifty-two Ailments 五十二病方 Written in the Mawangdui 馬王堆 Silk Manuscript:馬王堆帛書〈五十二病方〉篇所見之醫療巫術考察》,(韓國)《醫史學》2019年第28卷第3號,第755—785頁。

夙(縮)筋。(39 背貳—41 背貳)

人毋(無)故而弩(怒)也，以戊日日中而食黍於道，遽則止矣。(56 背貳)

人毋(無)故室皆傷，是粲迋之鬼處之。取白茅及黃土而西(洒)之，周其室，則去矣。(57 背貳—58 背貳)

人毋(無)故一室人皆簫(垂)延(涎)，爰毋處其室。大如杵，赤白，其居所水則乾，旱則淳。屈(掘)其室中三尺，燔豕矢(屎)焉，則止矣。(50 背叁—51 背叁)

一室人皆養(癢)膿(體)，癘鬼居之。燔生桐其室中，則已矣。(52 背叁)①

"米(寐)死"猶魘死，"沙人"即砂仁，"淳"猶濕潤，"糜"猶碎，"縮筋"猶抽筋，"狀神"猶傷神。據此可知，戰國末期至秦代，古人對於各種疾病之因，仍歸咎於鬼神作祟，且以巫術方法排難解憂。

3. 逐疫除凶活動的特徵

筆者以睡虎地秦簡《日書》甲種《詰》所見逐疫除凶的特徵爲主列表如下(表 14)。文意不明或尚存爭議之條暫不討論。

表 14　逐疫除凶活動的特徵

編　號	病　狀	病　因	特異現象	解除方法
37 背壹—39 背壹	一宅中毋(無)故而室人皆疫，或死或病	棘鬼在焉	其上旱則淳，水則乾	屈(掘)而去之
40 背壹—42 背壹	一宅之中毋(無)故室人皆疫，多曾(夢)米(寐)死	匀(孕)鬼貍(埋)焉	其上毋(無)草，如席處	屈(掘)而去之

———————

① 睡虎地秦墓竹簡整理小組編：《睡虎地秦墓竹簡》，第 212—217 頁。上列睡虎地秦簡的全部釋文，亦可參考陳偉主編的《秦簡牘合集(壹) 睡虎地秦墓簡牘》的重新隸定與考釋。陳偉主編，武漢大學簡帛研究中心、湖北省博物館、湖北省文物考古研究所編：《秦簡牘合集(壹) 睡虎地秦墓簡牘》，武漢大學出版社，2014 年。

編　號	病　狀	病　因	特異現象	解除方法
43 背壹—46 背壹	人毋（無）故一室人皆疫，或死或病，丈夫女子隋（墮）須（鬚）贏髮黃目	㝡（㝡）人生爲鬼		以沙人一升，挃（挃）其春白，以黍肉食㝡（㝡）人
56 背壹—57 背壹	人之六畜毋（無）故而皆死	犾鬼之氣入焉		癙（爢）瓦以還 □□□□
67 背壹—68 背壹	人毋（無）故而心悲			以桂長尺有尊（寸）而中折，以望之日，日始出而食之，已乃痛（餔）
36 背貳—38 背貳	一室人皆毋（無）氣以息，不能童（動）作	狀神在其室		屈（掘）還泉，有赤豕、馬尾、犬首，享（烹）而食之
39 背貳—41 背貳	一室人皆夙（縮）筋	會虫居其室西臂（壁）		取西南隅，去地五尺，以鐵椎檔之，必中虫首，屈（掘）而去之
56 背貳	人毋（無）故而弩（怒）			以戊日日中而食黍於道
57 背貳—58 背貳	人毋（無）故室皆傷	粲迋之鬼處之		取白茅及黃土而西（洒）之，周其室
50 背叁—51 背叁	人毋（無）故一室人皆箻（垂）延（涎）	爰母處其室	大如杵，赤白，其居所水則乾，旱則淳	屈（掘）其室中三尺，燔豕矢（屎）焉
52 背叁	一室人皆養（癢）膿（體）	痛鬼居之		燔生桐其室中

　　由此可知，睡虎地秦簡《日書》甲種《詰》中，多見古人將各種疾病之因歸咎於鬼神作祟，且以巫術方法排難解憂。

　　若據上表內容，睡虎地秦簡《日書》甲種《詰》共載 71 條，其中提及各種疾病的逐疫除凶方法近 11 條，約占總條文的 15％。換言之，先秦時期此法仍然盛行,充分展現早期治療中"巫醫不分"的特色。

除《詰》外,《日書》甲種《除》中亦有逐出疫病及被除不祥的記載:

害日,利以除凶厲(屬),兌(説)不羊(祥)。(5 貳上段)①

文中的"厲(屬)"指疫病或惡鬼之意,②"兌(説)"指告神祝詞以向神靈祈求之祭,③有逐出疫病及向神靈祈求被除不祥之意。

由此觀之,睡虎地秦簡《詰》與《除》篇中,已可見巫者逐疫除凶的内容。

(二) 儺舞活動

除逐疫除凶活動外,還有治療疾病時驅撑厲鬼的巫術祭祀儀式。此種儀式古代稱之爲"儺",④其本字爲"難",⑤即頭戴面具進行的儺舞,是巫者在求醫治病、逐鬼驅疫及祭神求穀時的一種巫術舞蹈。⑥ 若據弗雷澤對巫術的分類,這便相當於所謂的"順勢巫術"或"模擬巫術",⑦主要是模仿鬼神以實現目的。

---

① 睡虎地秦墓竹簡整理小組編:《睡虎地秦墓竹簡》,第 181—182 頁。

② 同上。亦可參閱劉樂賢:《睡虎地秦簡日書研究》,第 25 頁。

③ 對於此"兌(説)"的解釋,如《周禮·大祝》云:"大祝:……掌六祈,以同鬼神示,一曰類,二曰造,三曰襘,四曰禜,五曰攻,六曰説。"鄭司農云:"類、造、襘、禜、攻、説,皆祭名也。"又鄭玄注云:"攻、説,則以辭責之。……造、類、襘、禜皆有牲,攻、説用幣而已。"(清) 阮元校刻:《十三經注疏(附校勘記)》(上册),《周禮》卷二十五,第 808—809 頁。對此"兌(説)",孫詒讓則謂:"云'攻、説,則以辭責之'者,……《廣雅·釋詁》云:'説,論也。'謂陳論其事以責之,其禮尤殺也。《淮南子·泰族》云:'雩兌而請雨。'宋本許注云:'兌,説也。'則請雨亦有説矣。"(清) 孫詒讓撰,王文錦、陳玉霞點校:《周禮正義》(第 8 册),中華書局,1987 年,第 1985—1992 頁。

④ 古人認爲這是治療疾病時驅撑厲鬼的巫術祭祀儀式。類似説法可參考人類學的報告:"澳洲錫隆(Ceylon)土人的'鬼神舞者(Devil-Dancers)'常常把一個木製面具戴在頭上,面具上有大的眼睛,有象牙一樣長的尖鋭牙齒,有獅子一樣的大鼻子,有老虎一樣的大口。還有一個面貌扮得似老虎的怪人,旁人擊起兩側敲打的鼓,怪人在中間不停地跳舞。這樣裝扮成神的形象來跳舞,土人相信可以驅除病人周圍的鬼怪。"梁釗韜:《中國古代巫術——宗教的起源和發展》,中山大學出版社,1999 年,第 185 頁。亦可參見(英) Walter Hutchinson(沃爾特·哈欽森):《Customs of the World, Vol. I — a popular account of the manners, rites and ceremonies of men and women in all countries:世界風俗·CEYLON(錫隆)》,(印度) Neeraj Publishing House,1984 年,第 425 頁。

⑤ 對於"儺"的本字爲"難"的解釋,可參閱《説文解字》"儺":"灘,行有節也。从人,難聲。《詩》曰:'佩玉之儺。'"段注:"按此字之本義也,其毆疫字本作難。自俗儺爲毆疫字,而儺之本義廢矣。"(清) 段玉裁注:《説文解字注》卷八上,藝文印書館,1994 年,第 372 頁。可見,"儺"的本字爲"難",有毆疫之意。

⑥ (清) 阮元校刻:《十三經注疏(附校勘記)》(上册),《周禮》卷三十一,第 851 頁。

⑦ 詳見(英) James Frazer(詹姆斯·弗雷澤)著,徐育新等譯:《The Golden Bough:金枝——巫術與宗教之研究》,大衆文藝出版社,1998 年,第 19—21 頁。

1. 先秦文獻的記載

中國古代曾流行治療疾病時驅攘厲鬼的巫術祭祀儀式,如《周禮·方相氏》記載:

> 方相氏:掌蒙熊皮,黄金四目,玄衣朱裳,執戈揚盾,帥百隸而時難,以索室毆疫。大喪,先匶,及墓,入壙,以戈擊四隅,毆方良。[①]

"難"猶儺也,"毆"猶驅也。方相氏爲周代掌管驅除癘疾的巫官。此方相氏頭戴繪有"黄金四目"的面具,蒙着熊皮,上着黑衣,下穿紅裳,一手執戈,一手揮舞盾牌,全貌戎裝,他率領100名屬下搜索居室或墓壙各處,以驅逐疫癘之氣。[②] 由此可知,儺爲頭戴面具而驅攘厲鬼的巫術儀式之一。

儺舞亦爲一種戲劇性的表演。《論語·鄉黨》:"鄉人儺,朝服而立於阼階。"[③]朱熹《集注》云:

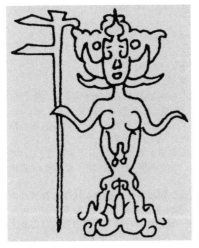

圖 8　曾侯乙墓棺繪紋飾

> 儺所以逐疫,《周禮·方相氏》掌之。……儺雖古禮而近於戲,亦必朝服而臨之者,無所不用其誠敬也。[④]

若就考古出土先秦文物而言,湖北省隨縣戰國曾侯乙墓的棺槨漆畫中,曾發現一頭戴面具的執戈形象(圖 8),論者謂此可怖的圖像乃"頹(俱)頭"之狀,即壙中驅除惡鬼,保護死者之神。[⑤] 由此觀之,頭戴面具進行儺舞活動,在出土兩周時期資料中亦可見之。

---

① (清) 阮元校刻:《十三經注疏(附校勘記)》(上册),《周禮》卷三十一,第 851 頁。
② 此處敘述的方相氏之職,與男巫在冬儺時將寢堂的疫癘驅逐至郊外的"索室毆疫"應有關聯。林志鵬:《殷代巫覡活動研究》,臺灣大學中文所 2003 年碩士學位論文(指導教師:許進雄),第 273—274 頁。
③ (宋) 朱熹:《論語集注大全》卷十,(韓國) 保景文化社,1986 年,第 208—209 頁。
④ 同上。
⑤ 饒宗頤:《殷上甲微作裼(儺)考》,《民俗曲藝》1993 年第 84 期,第 34 頁。

　　無論是否頭戴面具,凡以戲劇性的表演或舉動來悦神逐鬼的防疫活動,皆屬此類儺舞,其與逐疫除凶儀式,在兩周社會中皆爲巫者的主要活動。

　　2.《日書•詰》的記載

　　若就睡虎地秦簡《日書》篇所見巫者的儺舞活動而言,《日書》甲種《詰》中便有驅鬼儀式的相關記載:

　　詰:•詰咎,鬼害民罔(妄)行,爲民不羊(祥),告如詰之,召(?),道(導)令民毋麗(罹)兇(凶)央(殃)。鬼之所惡,彼窋(屈)臥箕坐(踞),連行奇(踦)立。(24 背壹—26 背壹)

　　人若鳥獸及六畜恒行人宮,是上神相好下,樂入男女未入宮者,毄(擊)鼓奮鐸(鈴)桑(噪)之,則不來矣。(31 背貳—33 背貳)[①]

　　人毋(無)故而憂也,爲桃更(梗)而歇(擖)之,以癸日日入投之道,遽曰:"某。"免於憂矣。(54 背貳—55 背貳)

　　一室中臥者眯也,不可以居,是磨鬼居之。取桃柆〈梧〉檔四隅中央,以牡棘刀刊其宮藹(牆),諲(呼)之曰:"復,疾趣(趨)出。今日不出,以牡〔棘〕刀皮而衣。"則毋(無)央(殃)矣。(24 背叁—26 背叁)

　　鬼恒宋(悚)傷(惕)人,是不辜鬼。以牡棘之劍刺之,則止矣。(36 背叁)[②]

文中的"詰咎",整理者釋爲"禁災",[③]有"禁制災祟"或"禁忌凶災"之意。由於"詰"與"難(儺)"義可通,故此篇雖未見頭戴面具之描述,但應屬於具有驅鬼儀式的儺舞。[④]

---

　　① 對於"毄(擊)鼓奮鐸(鈴)桑(噪)之,則不來矣"的解釋,可參閲《太平御覽•禮儀部》收録的《莊子》佚文:"游島問雄黄曰:'今逐疫出魅,擊鼓呼噪,何也?'雄黄曰:'黔首多疾,黄帝氏立巫咸,使黔首沐浴齋戒,以通九竅。鳴鼓振鐸,以動其心。勞形趨步,以發陰陽之氣。飲酒茹葱,以通五藏。夫擊鼓呼噪,逐疫出魅鬼,黔首不知,以爲魅祟也。'"(宋)李昉等撰:《太平御覽》(第 3 册)卷 530,中華書局,1960 年,第 2405—2406 頁。亦可參考睡虎地秦墓竹簡整理小組編:《睡虎地秦墓竹簡》,第 217 頁。

　　② 睡虎地秦墓竹簡整理小組編:《睡虎地秦墓竹簡》,第 212—217 頁。

　　③ 同上,第 216 頁。

　　④ 參見林志鵬:《殷代巫覡活動研究》,第 268—273 頁。

3. 儺舞活動的特徵

筆者以睡虎地秦簡《日書》甲種《詰》所見之儺舞活動的特徵爲主列表分析如下（表15）。文意不明且尚存爭議之條文暫不討論。

表 15　儺舞活動的特徵

編　號	病　狀	病因	儺舞行爲與工具
24 背壹—26 背壹	鬼害民罔（妄）行，爲民不羊（祥）	鬼	詰之；窋（屈）臥箕坐（踞），連行奇（踦）立
31 背貳—33 背貳	〔黔首多疾〕①	上神相好下	毄（擊）鼓奮鐸（鈴）枭（噪）之
54 背貳—55 背貳	人毋（無）故而憂		爲桃更（梗）而敂（掊）之，以癸日日入投之道，遽曰："某。"
24 背叁—26 背叁	一室中臥者眯也，不可以居	罵鬼居之	取桃柏〈棓〉楯四隅中央，以牡棘刀刊其宮蘠（牆），譶（呼）之曰："復，疾趣（趨）出。今日不出，以牡〔棘〕刀皮而衣。"
36 背叁	鬼恒宋（悚）傷（惕）人	不辜鬼	以牡棘之劍刺之

據上表内容，睡虎地秦簡《日書》甲種《詰》所載 71 條中，提及各種疾病時的巫術性儺舞方法有近 5 條，約占總條文的 7%。換言之，先秦時期，以巫術治病仍然盛行。

古人認爲，巫者多利用各種姿勢或辟邪的道具，②或以跳舞時發出劇

---

① 此處的病狀，筆者參考《太平御覽·禮儀部》收録的《莊子》佚文補録。

② 巫者使用的祓凶辟邪的道具，有戈、桃、茢等物。先秦文獻中屢見，如《禮記·檀弓下》："君臨臣喪，以巫、祝桃茢執戈，惡之也，所以異於生也。"（清）阮元校刻：《十三經注疏（附校勘記）》（上册），《禮記》卷九，第 1302 頁。又《左傳》襄公二十九年亦云："康王卒〕楚人使公親襘，公患之。穆叔曰：'被殯而襘，則布幣也。'乃使巫以桃、茢先祓殯。楚人弗禁，既而悔之。"（清）阮元校刻：《十三經注疏（附校勘記）》（下册），《左傳》卷三十九，第 2004—2005 頁。又《藝文類聚·菓部上》收録的《莊子》佚文亦云："插桃枝於户，連灰其下，童子入不畏，而鬼畏之。是鬼智不如童子也。"（唐）歐陽詢撰，汪紹楹校：《藝文類聚（附索引）》（下册）卷八十六，上海古籍出版社，1965 年，第 1468 頁。由此可知，此三文所載的桃茢執戈等物品，皆爲巫者的辟邪物。

烈的嘩嘩聲響,如同鼓聲能驅趕惡鬼,或以叫喊、揮刀劍、舉火、射箭、上刀杆、爬刀梯等戲劇性的表演或舉動,來禁制疾疫與厲鬼。[①] 此皆可視爲儺舞活動的範疇。

此外,念誦咒語,亦爲巫術性療法的重要組成部分之一,故上引"遽曰""謼(呼)之曰"與其咒文,便屬於精神療法之一的"咒禁療法"。古人認爲運用此法,便能威懾厲鬼而逐鬼驅疫。

總之,睡虎地秦簡《日書》甲種《詰》中,亦可見儺儀活動,即驅撻厲鬼以防疫。其在先秦社會中應爲巫者的主要職責之一。

第四節　周家臺秦簡所見之
醫療巫術考察[*]

古代巫醫不分,人們將疾病致因視爲鬼魂作用,故以巫者充當人鬼的中介角色,寄希望於巫術行醫、安撫死神以達到消除疾病的目的。因此,舉行治病巫術儀式時,巫者往往使出自己全身解數,進行充分的表演。基於此觀念,醫療與巫術密切結合,藥物心理與巫術心理亦自然結合,求藥求巫之事,皆統一於醫療活動中。

進入人文思想發展的東周時期,[②]古人逐漸脱離依賴巫者的迷信觀念,而以針、灸及藥物爲之,與此同時,秦漢醫學的發展使巫、醫逐漸分離,湧現出一批傑出的醫生,如當時著名的醫學家淳于意、華佗、張機(字仲景)、吳普、郭玉等等。儘管如此,秦漢時代的醫療知識,仍處中國醫學的萌芽狀態,古樸幼稚,科學謬誤參半,與巫教信仰交織一繫。

---

① 　(英) Prof. Bronislan Malinowski(馬凌諾斯基)著,費孝通等譯:《What is Culture:文化論》,中國民間文藝出版社,1987 年,第 48—65 頁。亦可參見趙容俊:《殷商甲骨卜辭所見之巫術》(增訂本),第 23—58 頁。

* 　本文原收録於(韓國)《中國古中世史研究》2021 年第 59 輯,第 1—23 頁。

② 　有關周代人文思想發展的情形,可參閲趙容俊:《殷商甲骨卜辭所見之巫術》(增訂本),中華書局,2011 年,第 284—293 頁。

本節主要運用已整理刊行的《關沮秦漢墓簡牘》中的《日書》篇與《病方及其它》篇的記載，並與秦漢傳世文獻及相關出土文獻互相印證，以占卜問病、祝由巫術等重要特色爲主，包括當時流行的五行原理，討論周家臺秦簡所見之醫療巫術。

第一，若論"占卜問病"，周家臺秦簡《日書》，尤其是二十八宿占中，屢見巫者問病卜災之事。然而其仍處於早期中國醫學的萌芽階段，尚未全面應用五行原理來占卜問病。

第二，對於"祝由巫術"，由周家臺秦簡《病方及其它》篇可知，巫者曾用念誦咒語、"禹步三"等各種巫術性語言與肢體動作結合的方式施行"祝由"之法，以乞求神靈而除病驅鬼。雖無濟於事，但有一定的安慰病者心理的功效。

周家臺秦簡所見醫療知識，仍處於中國醫學的萌芽狀態，古樸幼稚，科學謬誤參半，然而，此時的巫醫正開拓壯大醫學的先河，在中國醫學上占有重要的地位。

此外，周家臺秦簡中亦多見秦代以藥物治病的內容，[①]但因屬於後代的專門醫方，此處暫不討論。

一、周家臺秦簡的簡介

1992—1993 年，湖北省荊州市周梁玉橋遺址博物館在湖北省荊州市沙市區關沮鄉清河村周家臺中發掘秦漢時期墓葬四十二座。其中周家臺 M30 號秦墓棺槨北端發現木牘、竹簡、竹筒、竹笥等各種隨葬品，在竹笥

① 周家臺秦簡《病方及其它》篇中，便記載秦代藥物治病的內容，比如："已腸辟：·取肥牛膽盛黑叔（菽）中，盛之而係（繫）縣（懸）陰所，乾。用之，取十餘叔（菽）置鬻（粥）中而歓（飲）之，已腸辟（澼）。不已，復益歓（飲）之。鬻（粥）足以入之腸。（309—310）""瘴病：·以正月取桃橐（蠹）矢（屎）少半升，置淳（醇）酒中，温，歓（飲）之，令人不單（癉）病。（313）""去黑子方（一）：·去黑子方：取稾（藁）本小弱者，齊（劑）約大如小指。取東〈柬〉灰一升，漬之。染稾（藁）本東〈柬〉灰中，以靡（摩）之，令血欲出。因多食葱，令汗出。桓（恒）多取櫌桑木，燔以爲炭火，而取牛肉剥之，小大如黑子，而炙之炭火，令温勿令焦，即以傅黑子，寒輒更之。（315—318）"湖北省荊州市周梁玉橋遺址博物館編：《關沮秦漢墓簡牘》，中華書局，2001 年，第 126—128 頁。亦可參考陳偉主編的《秦簡牘合集（叁）周家臺秦墓簡牘》的重新隸定與考釋。陳偉主編，武漢大學簡帛研究中心、荊州博物館編：《秦簡牘合集（叁）周家臺秦墓簡牘》，武漢大學出版社，2014 年，第 54—57 頁。

中又發現甲、乙、丙三組共 389 枚竹簡。[1]

甲組 244 枚竹簡,其中空白簡 10 枚,簡長 29.3—29.6 釐米、寬 0.5—0.7 釐米、厚 0.08—0.09 釐米的均爲長簡,設三道編繩,每簡右側有三角形契口,足見編痕。乙組 75 枚竹簡,其中空白簡 4 枚,其形制規格,與甲組均同。丙組 70 枚竹簡,簡長 21.7—23 釐米、寬 0.4—1 釐米、厚 0.06—0.15 釐米,設二道編繩。此三組竹簡的文字,書於篾黄面,均爲墨書隸體,共 5300 餘字。[2]

甲、乙組的内容經調整合編後,第一組的篇題擬定爲《曆譜》,共 130 枚,含空白簡 4 枚,内容包含秦始皇三十四年全年日干支,又有秦始皇三十六、三十七年月朔日干支及月大小等。此外,木牘 1 枚,内容包括秦二世元年的曆譜。第二組的篇題擬定爲《日書》,共 178 枚,含空白簡 10 枚,内容包含二十八宿占、五時段占、戎磨日占、五行占等。第三組丙組的篇題擬定爲《病方及其它》,共 73 枚,内容包含醫藥病方、祝由術、擇吉避凶占卜、農事等。此周家臺 M30 號秦墓的墓主時代,推定爲秦始皇當政晚年,身份應爲南郡(今湖北省荆州市)官署機構中供職的低級官吏。[3]

相關的著作,可參湖北省荆州市周梁玉橋遺址博物館所編的《關沮秦漢墓清理簡報》[4]與《關沮秦漢墓簡牘》、[5]陳偉主編的《秦簡牘合集(叁) 周家臺秦墓簡牘》,[6]以及劉樂賢的《從周家臺秦簡看古代的"孤虛"術》、[7]Harper, Donald John(夏德安)的《周家臺的數術簡》、[8]程少軒的《周家臺

---

① 湖北省荆州市周梁玉橋遺址博物館編:《關沮秦漢墓簡牘》"周家臺三〇號秦墓發掘報告",第 154—155 頁。

② 同上。亦可參見李均明:《古代簡牘》,文物出版社,2003 年,第 59—60 頁。

③ 湖北省荆州市周梁玉橋遺址博物館編:《關沮秦漢墓簡牘》,第 145—160 頁。

④ 湖北省荆州市周梁玉橋遺址博物館:《關沮秦漢墓清理簡報》,《文物》1999 年第 6 期,第 26—47 頁。

⑤ 湖北省荆州市周梁玉橋遺址博物館編:《關沮秦漢墓簡牘》,中華書局,2001 年。

⑥ 陳偉主編,武漢大學簡帛研究中心、荆州博物館編:《秦簡牘合集(叁) 周家臺秦墓簡牘》,武漢大學出版社,2014 年。

⑦ 劉樂賢:《從周家臺秦簡看古代的"孤虛"術》,《出土文獻研究》第 7 輯,上海古籍出版社,2005 年,第 50—56 頁。

⑧ Harper, Donald John(夏德安):《周家臺的數術簡》,載武漢大學簡帛研究中心主辦:《簡帛》第二輯,上海古籍出版社,2007 年,第 397—407 頁。

秦簡〈日書〉與〈卅六年日〉編聯補說》、①方勇與侯娜合著的《讀周家臺秦簡"醫方"簡劄記(二則)》、②謝妍與沈澍農合著的《周家臺秦簡〈病方〉"乾者"考》、③劉金華的《周家臺秦簡醫方試析》、④陳榮傑的《周家臺秦簡〈病方及其它〉構詞法分析》、⑤房相楠的《小談周家臺秦簡〈病方及其它〉中的短語》⑥等。

　　中國醫學的演進,始而巫,繼而巫、醫混合,再進而巫、醫分立。⑦ 周家臺秦簡中多見醫療巫術活動方面的若干内容,其研究有助於瞭解中國醫學的早期萌芽階段。

　　周家臺秦簡所見之醫療巫術活動,包含占卜問病、祝由之術等。兹舉例論之於下,以便瞭解。

二、占卜問病

(一) 秦漢文獻的記載

　　秦漢時期的文獻中,巫者從事占卜問病之例屢見不鮮,如司馬遷《史記·龜策列傳》中便有古人運用龜卜法占卜問病的詳細記載:

> 　　卜歲中民疫不疫。疫,首仰足肸,身節有彊外;不疫,身正首仰足開。……命曰横吉安。以占病,病甚者一日不死;不甚者卜日瘳,不死。……民疾疫無疾。……命曰呈兆。病者不死。……命曰柱徹。卜病不死。……命曰横吉内外自橋。以占病,卜日毋瘳死。……民疫無疾。……此横吉上柱外内自舉足肸。以卜有求得。病不

　　① 程少軒:《周家臺秦簡〈日書〉與〈卅六年日〉編聯補説》,載武漢大學簡帛研究中心主辦:《簡帛》第八輯,上海古籍出版社,2013年,第363—378頁。
　　② 方勇、侯娜合著:《讀周家臺秦簡"醫方"簡劄記(二則)》,《魯東大學學報(哲學社會科學版)》2015年第3期,第52—54頁。
　　③ 謝妍、沈澍農合著:《周家臺秦簡〈病方〉"乾者"考》,《中華中醫藥雜誌》2019年第1期,第72—74頁。
　　④ 劉金華:《周家臺秦簡醫方試析》,《甘肅中醫》2007年第6期,第24—26頁。
　　⑤ 陳榮傑:《周家臺秦簡〈病方及其它〉構詞法分析》,《樂山師範學院學報》2005年第9期,第60—61頁。
　　⑥ 房相楠:《小談周家臺秦簡〈病方及其它〉中的短語》,《唐山學院學報》2012年第4期,第52—53頁。
　　⑦ 陳邦賢:《中國醫學史》,商務印書館,1954年,第7—10頁。

死。……此挺詐有外。以卜有求不得。病不死，數起。……此狐狢。以卜有求不得。病死，難起。……此横吉上柱足胗內自舉外自垂。以卜病者，卜日不死，其一日乃死。①

對於文中龜兆所顯示的疾病情況，楊華在《出土日書與楚地的疾病占卜》一文中，曾討論不同程度的病卜及其概率統計。② 總之，據《史記·龜策列傳》可知古人運用龜卜法以占卜問病。

除秦漢時期傳統文獻的占卜問病記載外，2000 年 3 月，湖北隨州孔家坡M8 號漢墓的孔家坡漢簡，共出土簡牘 780 餘枚。其中《日書》簡 700 餘枚，每簡右側有三角形契口，足見編痕。文字以黑墨書於篾黃一面，書寫工整，字體均爲隸書。③ 簡文的成書時間推定爲西漢景帝後元二年，即公元前 142年。④ 孔家坡 M8 號漢墓的墓主"庫嗇夫辟"，應爲西漢時期縣級屬下管理物資及製造的小官。⑤ 其內容同於睡虎地、放馬灘秦簡《日書》，可以互相比勘。

隨州孔家坡漢簡《日書》中多見"占卜問病"的記載，比如：

有疾：庚辛，金也，有疾，白色日中死。非白色，丙有瘳，丁汗（間）。街行、人炊（吷）、兵祟。（350 壹）⑥

壬癸，水也，有疾，黑色季子死。非黑色，戊有瘳，己汗（間）。蚤

---

① （漢）司馬遷撰，（宋）裴駰集解，（唐）司馬貞索隱，（唐）張守節正義：《史記》（第十册）卷一百二十八，中華書局，1959 年，第 3242—3251 頁。
② 楊華：《出土日書與楚地的疾病占卜》，《武漢大學學報（人文科學版）》2003 年第 5 期，第564—565 頁。其云："這一概率，與古今中外人類患病之後的結果也是大致相符的——生病暴死的概率畢竟最小，大多數患者的情況是難以一時痊瘉卻又不至於瀕臨死亡。……我們自然不能根據古代占卜的幾率，來研究古人的健康狀況，但至少可以得出這樣的結論，即當時祝史們所設定的病卜選擇比例，與當時民間病患者的生死可能性之間，是存在某種對應關係的。"
③ 湖北省文物考古研究所、隨州市考古隊合編：《隨州孔家坡漢墓簡牘》"隨州孔家坡漢墓發掘報告"，文物出版社，2006 年，第 29—31 頁。
④ 同上，第 32—34 頁。亦可參見武家璧：《隨州孔家坡漢簡〈曆日〉及其年代》，《江漢考古》2009年第 1 期，第 120—126 頁。
⑤ 湖北省文物考古研究所、隨州市考古隊合編：《隨州孔家坡漢墓簡牘》，第 3—36 頁。
⑥ "祟"字的考釋，陳劍在《孔家坡漢簡的"祟"字》一文中曾云："隨州孔家坡漢簡《日書》簡345～364 的《有疾》和《死》（篇題皆係整理者擬定）兩篇中，'祟'字多次出現，皆被整理者誤釋讀爲了'桼（患）'（解釋爲'作患'），似尚未見有人指出。……凡此可見，從文例看此字應釋讀爲'祟'，是很明顯的。整理者之誤，殆爲字形所惑。"陳劍：《孔家坡漢簡的"祟"字》，復旦大學出土文獻與古文字研究中心網，2011 年 11 月 8 日。

(竈)神及水祟。(351 壹)

死：子有疾，四日小汗(閒)，七日大汗(閒)。其祟天土。甲子雞鳴有疾，青色死。(352 壹)

丑有疾，三日小汗(閒)，九日大汗(閒)。其祟三土君。乙丑平旦有疾，青色死。(353 壹)

寅有疾，四日小汗(閒)，五〈七〉日大汗(閒)。祟北君最主。丙寅日出有疾，赤色死。(354 壹)[①]

上引《有疾》篇與《死》篇中，就描述了以不同時日判斷病情變化的占卜內容。

(二) 周家臺秦簡的記載

周家臺秦簡《日書》中多見"占卜問病"的記載：

繫行：角，斗乘角，……占病者，已。(187)

〔亢，〕斗乘亢，……占病者，篤。(189—190 上段)

〔抵(氐)，斗乘〕抵(氐)，門有客，所言者憂病事也。……占病者，篤。(191)

〔房，斗乘〕房，……占病〔者〕，少〔可〕。(193—194 上段)

〔心，斗乘心，……〕……〔占病者，少可〕。(195—196 上段)

箕，斗乘箕，……占病者，篤。(199—200 上段)

斗，斗乘斗，……占病者，篤。(201—202 上段)

牽＝(牽牛)，斗乘牽＝(牽牛)，……占病者，死。(203—204 上段)

婺＝(婺女)，斗乘婺＝(婺女)，門有客，所言者憂病事也。……占病者，篤。(205—206 上段)

〔虛，〕斗乘虛，……占病者，已。(207)

〔危，斗乘〕危，……占病者，篤。(209)

〔營＝(營室)，斗乘〕營＝(營室)，……占〔病者，少〕可。(211—

---

① 湖北省文物考古研究所、隨州市考古隊合編：《隨州孔家坡漢墓簡牘》，第 171—172 頁。

212 上段）

〔東辟（壁），斗乘東辟（壁）……〕……占病者，已。（213）

〔奎，斗乘〕奎，……占病者，勮（劇）。（215）

〔婁，斗乘〕婁，……占病者，篤。（217—218 上段）

胃，斗乘胃，……占病者，未已。（219—220 上段）

卯（昴），斗乘卯（昴），……占病者，少可。（221）

畢，斗乘畢，……占病者，篤，不死。（223—224 上段）

此（觜）嶲，斗乘此（觜）嶲，……占病者，已。（225）

〔叁，斗乘〕叁，……占病者，□。（227—228 上段）

〔東井，〕斗乘東井，……〔占〕病者，篤。（229—230 上段）

〔輿鬼，斗乘〕輿鬼，……〔占〕病者，死。（231—232 上段）

〔柳，斗乘柳，門有客，〕所言者憂病事也。……〔占病者，〕□。

（233—234 上段）

〔七星，斗乘七星，……〕……占病者，已。（235）

〔張，斗乘〕張，……占病〔者〕，篤。（237—238 上段）

翼，斗乘翼，……占病者，有瘳。（239—240 上段）

軫，斗乘軫，……占病者，已。（241—242 上段）

〔三十六年置居〕甲子，……黔首疾疾。（297 叁—298 叁）①

由此可知，在周家臺秦簡《日書》篇，尤其是二十八宿占中，便可見以不同時日或不同方向占斷疾病的内容。

（三）周家臺秦簡所見之占卜問病的特徵

若將周家臺秦簡《日書》篇所見方位、天干、五行三合局等（圖 9）②與

---

① 湖北省荆州市周梁玉橋遺址博物館編：《關沮秦漢墓簡牘》，第 171—172 頁。上列周家臺秦簡的全部釋文，亦可參考陳偉主編的《秦簡牘合集（叁）周家臺秦墓簡牘》的重新隸定與考釋。陳偉主編，武漢大學簡帛研究中心、荆州博物館編：《秦簡牘合集（叁）周家臺秦墓簡牘》，第 20—48 頁。亦可參見湖北省荆州市周梁玉橋遺址博物館編：《關沮秦漢墓簡牘》，第 110—125 頁。

② 如下列表中的周家臺秦簡《日書》篇所見的方位、天干、五行三合局等五行原理的主要内容，可參見周家臺秦簡《日書·繫行》的"緣圖（156—181）"，以及"〔五行：〕〔甲乙木，丙丁〕火，戊己土，庚辛金，壬癸水（259）""〔五勝：〕東行越木，南行越火，西行越金，北行越水，……（363）"。湖北省荆州市周梁玉橋遺址博物館編：《關沮秦漢墓簡牘》，第 107、119、133 頁。

兩漢時期成書的《黄帝内經素問》中的《天元紀大論》①《六微旨大論》②所見之五行原理③互爲比對，可得下表（表16）。

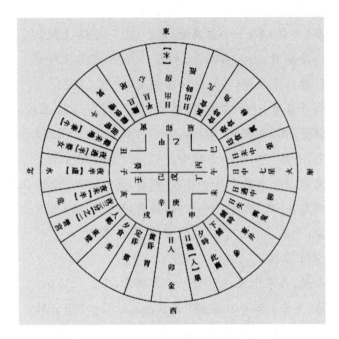

圖 9　周家臺秦簡《日書》篇的"綫圖"

　　周家臺秦簡《日書》篇所見五行原理，雖與當時流行的五行觀念基本相類，④但天干與五行三合局的内容不完全一致。秦漢時期的五行學説流傳頗廣，流派衆多，上引周家臺秦簡《日書》篇中的五行内容，應爲

　　① 今本《黄帝内經素問·天元紀大論》有天干與五行關係的記載："〔鬼臾區曰：〕'臣聞之，甲己之歲，土運統之。乙庚之歲，金運統之。丙辛之歲，水運統之。丁壬之歲，木運統之。戊癸之歲，火運統之。'"（唐）王冰次注，（宋）林億等校正：《黄帝内經素問》卷十九《天元紀大論》，載《文淵閣四庫全書》（第七三三册），臺灣商務印書館，1983—1986 年，第 208 頁。
　　② 今本《黄帝内經素問·六微旨大論》有五行三合局的記載："帝曰：'願聞其歲候何如？'歧伯曰：'……是故寅午戌歲氣會同，卯未亥歲氣會同，辰申子歲氣會同，巳酉丑歲氣會同，終而復始。'"同上，第 221 頁。
　　③ 參見鄺芷人：《陰陽五行及其體系》（增訂版）"内經素問之'五運六氣'原理"，文津出版社，1998 年，第 287 頁。
　　④ 參見趙容俊：《早期中國醫學與陰陽五行思想考察》，（韓國）《民族文化論叢》2012 年第 52 輯，第 724—756 頁。亦可參考趙容俊：《清華簡所見的陰陽五行觀念小考》，（韓國）《東洋古典研究》2019 年第 74 輯，第 65—96 頁。

當時五行家衆多流派之一。[①]

表 16　周家臺秦簡的五行内容

分　類	木	火	土	金	水
"周家臺" 五方	東	南	〔中央〕	西	北
《素問》 五方	東	南	中	西	北
"周家臺" 天干	甲、乙	丙、丁	戊、己	庚、辛	壬、癸
《素問》 天干	丁、壬	戊、癸	甲、己	乙、庚	丙、辛
"周家臺" 五行三合局	寅、卯、辰	巳、午、未		申、酉、戌	亥、子、丑
《素問》 五行三合局	亥、卯、未	寅、午、戌		巳、酉、丑	申、子、辰

　　總之，周家臺秦簡《日書》篇所見占卜問病的内容，顯然未見任何五行原理規律，而是巫者任意占斷病情之例。中國醫學的早期萌芽階段，尚未全面應用五行原理來占卜問病，亦未全面確立後代醫家的五行觀念。

三、祝由巫術

（一）秦漢文獻的記載

　　"祝由"，乃中國古代以祝禱符咒治病的方術，即祝説病由的巫術，[②]主要以祈禱、祭祀、咒語和簡單的肢體動作構成，[③]後世稱以符咒禳病者

---

① 詳見程少軒：《放馬灘簡式占古佚書研究》，中西書局，2018 年，第 74 頁。

② 參見漢語大詞典編輯委員會編：《漢語大詞典》（第七册），漢語大詞典出版社，1991—1994 年，第 892 頁。此外，《説文解字》"禰"："禰，祝禰也。從示，畱聲。"段注："惠氏士奇曰：'《素問》黃帝曰："古之治病，可祝由而已。"'祝由，即祝禰也。已，止也。"（清）段玉裁注：《説文解字注》卷一上，藝文印書館，1994 年，第 6 頁。

③ 趙容俊：《先秦巫者的醫療活動研究》，清華大學 2010 年博士學位論文（指導教師：李學勤），第 127—142 頁。

爲"祝由科"。秦漢時期的文獻中,祝由巫術之例並不乏見,如今本《黄帝内經素問·移精變氣論》中便有以祈禱攘除疾病的内容:

> 黄帝問曰:"余聞古之治病,惟其移精變氣,可祝由而已。今世治病,毒藥治其内,鍼石治其外,或愈或不愈,何也?"歧伯對曰:"往古人居禽獸之間,動作以避寒,陰居以避暑,内無眷慕之累,外無伸官之形,此恬憺之世,邪不能深入也。故毒藥不能治其内,鍼石不能治其外,故可移精祝由而已。"①

可見,今本《黄帝内經》中,已有巫者以"祝由"治病的内容。

約公元前 1 世紀的漢代啓蒙教科書《急就篇》中②亦云:

> 卜問讁祟父母恐,祠祀社稷叢臘奉,謁禓(禓)塞(賽)禱鬼神寵,棺槨槥櫝遣送踊,喪弔悲哀面目腫,哭泣祭醊墳墓冢。③

據二文可知,漢人有病,便以"祝由""謁禓(禓)""塞(賽)禱"等祝由之術解除病祟。

此外,出土文獻亦可見複合式的祝由巫術,即巫術性語言與肢體動作結合。如 1973 年長沙馬王堆第 3 號漢墓中發現一批醫書,多反映先秦時期古人的各種醫學思維方式。其中《五十二病方》篇以"湮(唾)、賁(噴)、吹"與"禹步三"等巫術性肢體動作④及念誦咒語之病方爲主。⑤ 以馬王堆

① (唐)王冰次注,(宋)林億等校正:《黄帝内經素問》卷四,載《文淵閣四庫全書》(第七三三册),第 49—50 頁。

② 對於《急就篇》的成書年代,管振邦在《顏注急就篇譯釋》一書中曾云:"《急就篇》是漢代西漢元帝時黄門令史游作。該書係童蒙識字課本。它又名《急就章》《急就》。……《急就篇》成書於公元前 48 年—公元前 33 年之間。距今已有兩千多年。唐代貞觀年間,顏師古對該書作了訓詁注釋,宋代王應麟又作了補注。"管振邦譯注,宙浩審校:《顏注急就篇譯釋》,南京大學出版社,2009 年,第 1 頁。

③ (漢)史游撰,(唐)顏師古注,(宋)王應麟補注,(清)錢保塘補音:《急就篇》,中華書局,1985 年,第 22 頁。

④ 此類巫術性的肢體動作,皆爲巫醫效仿巫者跳舞舉行巫儀,以此達到震懾鬼魅、鎮妖驅邪、逐鬼驅疫的目的。詳見王暉:《夏禹爲巫祝宗主之謎與名字巫術論》,《人文雜誌》2007 年第 4 期,第 142 頁。

⑤ 參見趙容俊:《A Research on the Shamanistic Medical Activities as Seen in the *Recipes for Fifty-two Ailments* 五十二病方 Written in the Mawangdui 馬王堆 Silk Manuscript:馬王堆帛書〈五十二病方〉篇所見之醫療巫術考察》,(韓國)《醫史學》2019 年第 28 卷第 3 號,第 755—785 頁。

帛書《五十二病方》爲例：

　　瘻(癘)：一，湮(唾)之，賁(噴)："兄父産大山，而(爾)居氏(是)谷下，〔□□〕系而，□〔□□〕而，鳳＝(鳳鳥)〔□□〕。毋敢上下〕蟄＝(尋，尋)，豙(喙)且貫而(爾)心。"(82—83行)

　　癪(癲)：一，令癪(癲)者北首臥北鄉(嚮)廡中，禹步三，步噂(呼)曰："吁！狐麇。"三；若智(知)某病狐父⊘。(223行)

　　□闌(爛)者方：一，熱(燒)者，〔祝〕由曰："胅胅詘詘，從竈(竈)出毋延，黃神且與言。"即三湮(唾)之。(318行)①

　　總之，在各種秦漢時期的傳統文獻與出土文獻材料中，已可見古人在罹病時，不僅求神問卜，還舉行祭祀祈禱以求痊癒的祝由活動。

(二) 周家臺秦簡的記載

　　若視周家臺秦簡《病方及其它》篇，亦不乏得見以祝由巫術治病的記載，以《關沮秦漢墓簡牘·病方及其它》全文爲例：

　　已齲方(一)：·已齲方：見東陳垣，禹步三步，曰："皋！敢告東陳垣君子，某病齲齒，笱(苟)令某齲已，請獻驪牛子母。"前見地瓦，操。見垣有瓦，乃禹步，已，即取垣瓦貍(埋)東陳垣止(址)下。置垣瓦下，置牛上，乃以所操瓦蓋之，堅貍(埋)之。所謂"牛"者，頭虫也。(326—328)

　　已齲方(二)：·已齲方：以叔(菽)七，稅(脫)去黑者。操兩瓦，之東西垣日出所燭(照)，先貍(埋)一瓦垣止(址)下，復環(還)，禹步三步，祝曰："噂(呼)！垣止(址)，笱(苟)令某齲已，予若叔(菽)子。"而數之七，齲已，即以所操瓦而蓋□。(329—330)

　　·其一曰：以米亦可。男子以米七，女子以米二七。(331)

　　已齲方(三)：·已齲方：見車，禹步三步，曰："輔車＝(車車)輔，

---

　　①　上列馬王堆帛書《五十二病方》篇的全部釋文，亦可參考裘錫圭主編的《長沙馬王堆漢墓簡帛集成》(第伍冊)的重新隸定與考釋。裘錫圭主編，湖南省博物館、復旦大學出土文獻與古文字研究中心編纂：《長沙馬王堆漢墓簡帛集成》(第伍冊)，2014年，第230—271頁。

某病齒齲，筍（苟）能〔令某〕齲已，令若毋見風雨。”即取車軎（轄），毋令人見之，及毋與人言。操歸，匿屋中，令毋見＝（，見）復發。（332—334）

病心者：·病心者：禹步三，曰：“皋！敢告泰＝山＝（泰山：泰山）高也，人〔居之。〕□□之孟（猛）也，人席之。不智（知）而心疾，不智（知）而咸戣。”即令病心者南首臥，而左足踐之二七。（335＋337）

癃：·操杯米之池，東鄉（嚮），〔禹步三步，〕投米，祝曰：“皋！敢告曲池，某癃某波，禹步損房箖（糜），令某癃〔籔（數）〕去。”（338—339）

有子三月：·禹步三，汲井。以左手袤（延）繘，令可下免（挽）甕（甕）。囷下免（挽）繘甕（甕），左操杯，䴸甕（甕）水。以一杯盛米，毋下一升。前置杯水女子前，即操杯米，禹步，祝曰：“皋！敢告鬺。”步投米地，祝投米曰：“某有子三月，疾生。”即以左手撟杯水歆（飲）女子，而投杯地，杯□□☑。（340—344）

馬心：·馬心：禹步三，鄉（嚮）馬祝曰：“高山高絲，某馬心天（癲）。某爲我已之，并企侍之。”即午畫地，而最（撮）其土，以靡（摩）其鼻中。（345—346）

瘧：·北鄉（嚮），禹步三步，曰：“嚤（呼）！我智（知）令＝某＝瘧＝（令某瘧，令某瘧）者某也。若筍（苟）令某瘧已，□＝已＝（□已□已）。一□言若☑。”☑。（376）[1]

“攩”有擦拭之意，“午”猶縱橫相交。由此可知，在沙市周家臺 M30 號墓出土的《病方及其它》篇中，便可見震懾鬼魅、鎮妖驅邪、逐鬼驅疫以治病的“禹步三”的巫儀動作，以及“祝曰”等咒語與各種祈禱辟邪的醫療巫術，

---

① 湖北省荆州市周梁玉橋遺址博物館編：《關沮秦漢墓簡牘》，第 129—137 頁。上列周家臺秦簡的全部釋文，亦可參考陳偉主編的《秦簡牘合集（叁）周家臺秦墓簡牘》的重新隸定與考釋。陳偉主編，武漢大學簡帛研究中心、荆州博物館編：《秦簡牘合集（叁）周家臺秦墓簡牘》，第 60—79 頁。

此即"祝由"之法。

(三) 周家臺秦簡所見之祝由巫術的特徵

筆者以較爲完整的周家臺秦簡《病方及其它》篇中的祝由巫術的特徵爲主列表分析如下(表 17)。殘損程度較嚴重者暫不討論。

表 17　周家臺秦簡所見之祝由巫術的特徵

病方名	簡　號	禹步三	念誦咒語
已齲方	326—328	2 次	1 次
	329—330	7 次	7 次
	331	7 次	7 次
	332—334	1 次	1 次
病心者方	335＋337	1 次	1 次
癰　方	338—339	1 次	1 次
有子三月方	340—344	2 次	2 次
馬心方	345—346	1 次	1 次
瘧　方	376	1 次	1 次
合　計		23 次	22 次

由此觀之,周家臺秦簡《病方及其它》篇中,可見古人曾用念誦咒語、"禹步三"等巫術性語言與肢體動作結合的方式施行"祝由",以乞求神靈而除病驅鬼。

據上表統計,周家臺秦簡《病方及其它》篇所載醫方共 20 方,其中含巫術性質的有近 9 方,約占總醫方的 45％。其中念誦咒語達 22 次,巫術性肢體動作達 23 次,可知此種古醫方中巫術治病之法仍然盛行,充分展現早期病方中"巫醫不分"的特色。就特徵而言,《病方及其它》篇中“禹步三”的巫術動作，不僅有巫醫效仿巫者跳舞舉行巫儀，[①]還有以此震懾鬼魅、鎮妖驅邪、逐鬼驅疫的涵義。[②]

念誦咒語，亦爲巫術性療法的重要組成部分之一，故上引“祝曰”與各種咒文，以及直接詛咒病鬼或者許願並保證還願等，皆屬於精神療法之一的“咒禁療法”。[③] 秦漢時期，古人認爲運用此種咒禁療法，能威懾厲鬼而逐鬼驅疫。[④]

總之，後世巫、醫雖已分離且專業化，但此種祝由之術在中國歷代的醫學機構中，仍可見之。具有巫術性質的祝由療法，確爲中國古代醫學的

---

① 對於巫者效仿“禹步”的文獻記錄，如《史記·夏本紀》：“〔禹〕聲爲律，身爲度，稱以出。”唐司馬貞索隱按云：“今巫猶稱‘禹步’。”（漢）司馬遷撰，（宋）裴駰集解，（唐）司馬貞索隱，（唐）張守節正義：《史記》（第一册）卷二，第 51 頁。又《揚子法言》：“昔者，姒氏治水土，而巫步多禹。”李軌注亦云：“禹治水土，涉山川，病足，故行跛也。……而俗巫多效禹步。”（漢）揚雄：《揚子法言》卷十，臺灣中華書局，1983 年，第 150 頁。此外，對於此種“禹步”的具體動作，《抱朴子内篇·登涉》記載：“又禹步法：正立，右足在前，左足在後，次復前右足，以左足從右足併，是一步也。次復前右足，次前左足，以右足從左足併，是二步也。次復前右足，以左足從右足併，是三步也。如此，禹步之道畢矣。”王明：《抱朴子内篇校釋》卷之十七，中華書局，1980 年，第 276—277 頁。又《玉函秘典》亦云：“禹步法：閉氣，先前左足，次前右足，以左足並右足，爲三步也。”撰人不詳：《玉函秘典》，載新文豐出版社編輯部：《叢書集成新編》（第二六册），新文豐出版社，2008 年，第 85 頁。

② 王暉：《夏禹爲巫祝宗主之謎與名字巫術論》，《人文雜誌》2007 年第 4 期，第 142 頁。其“内容提要”云：“夏禹在中國古代社會中被巫祝人員視作宗主，稱爲‘神禹’。禹因‘半枯’而形成瘸子步伐‘禹步三’，被巫師用來作爲震懾鬼魅的特殊步伐。……正因爲禹被認爲在治水之後主名山川百物，所以他便有控制世界上萬事萬物以至於妖魔魍魎的神力，於是‘神禹’被尊爲百巫宗主，而‘禹步三’也就成了巫師扮作大禹壓勝鬼怪的特殊方術。”

③ 詳見盧嘉錫總主編，廖育群等著：《中國科學技術史——醫學卷》，第 15—17 頁。此外，“咒禁療法”流行至後世之例，如孫思邈的《備急千金要方·養性》記載：“凡人夜魘，勿燃燈喚之，定死無疑。闇喚之吉，亦不得近而急喚。夜夢惡不須説，且以水面東方噀之咒曰：‘惡夢，着草木。好夢，成寶玉。’即無咎矣。”（唐）孫思邈撰，（宋）高保衡、林億等校正：《備急千金要方》卷八十一，載《文淵閣四庫全書》（第七三五册），臺灣商務印書館，1983—1986 年，第 834 頁。

④ 除周家臺秦簡《病方及其它》篇外，此種“咒禁療法”的文獻記錄，睡虎地秦墓竹簡中亦可見之。如《日書》甲種《詰》記載：“一室中臥者眯也，不可以居，是厲鬼居之。取桃柏（梓）榏四隅中央，以牡棘刀刊其宫薔（牆），譙（呼）之曰：‘復，疾趣（趨）出。今日不出，以牡〔棘〕刀皮而衣。’則毋（無）央（殃）矣。（24 背叄—26 背叄）”睡虎地秦墓竹簡整理小組編：《睡虎地秦墓竹簡》，文物出版社，1990 年，第 214 頁。有關其他“咒禁療法”與“禹步三”的文獻記錄，《病方及其它》篇中，亦可見之：“先農·先農：以臘日，令女子之市買牛胙、市酒。過街，即行捧（拜），言曰：‘人皆祠泰父，我獨祠先農。’到困下，爲一席，東鄉（嚮），三腏，以酒沃，祝曰：‘某以壺露、牛胙，爲先農除舍。先農筍（苟）令某禾多一邑，先農恒先泰父食。’到明出種，即 趣 邑最富者，與皆（偕）出種。即已，禹步三，出種所，曰：‘臣非異也，農夫事也。’即名富者名，曰：‘某不能腸（傷）其富，農夫使其徒來代之。’即取腏以歸，到困下，先侍（持）豚，即言困下曰：‘某爲農夫者，農夫筍（苟）如□□，歲歸其襡。’即斬豚耳，與腏以并塗困廥下。恒以臘日塞（賽）禱如故。（347—353）”湖北省荆州市周梁玉橋遺址博物館編：《關沮秦漢墓簡牘》，第 132 頁。

重要組成部分之一，尤其是在鬼神概念充斥的先秦時期。

第五節　孔家坡漢簡《日書》篇
所見之醫療巫術考察[*]

　　本節主要運用已整理刊行的孔家坡漢簡《日書》篇的記錄，與兩漢傳統文獻及其他出土文獻互相印證，探討《日書》篇所見之醫療巫術。

　　兩漢時期，醫雖已確有專門化、職業化的特點，然而在兩漢社會中，仍未盡脫巫醫思想。專業醫療知識，與迷信治療的方法常交織一繫，以巫術療疾仍普遍存在於兩漢社會中。

　　此外，中國古代的陰陽五行觀念影響範圍頗爲深廣，且根深柢固溶於中國的歷史文化中。本節則以孔家坡漢簡《日書》篇所見之占卜問病等醫療巫術的特色爲主，包括當時流行的五行原理在内進行討論。

　　《日書》篇所見之醫療知識，仍處於中國醫學的萌芽狀態，古樸幼稚，科學謬誤參半，與巫教信仰交織一繫。然而，此時的巫醫正開拓壯大醫學的先河，在中國醫學上占有重要的地位。

一、孔家坡漢簡的簡介

　　孔家坡漢簡，2000 年 3 月出土於湖北隨州孔家坡 M8 號漢墓槨室頭廂位置的兩側，保存狀況略差，共有簡牘 780 餘枚。其中《日書》簡 700 餘枚，簡長 33.8 釐米，簡寬 0.7—0.8 釐米不等，簡厚約 0.1 釐米，設三道編繩，又每簡右側有三角形契口，足見編痕。文字以黑墨書於篾黄一面，書寫工整，字體均爲隸書。[①] 整理者將内容分爲《建除》《星官》《刑德》《五勝》《亡者》《禹須臾行日》《見人》《裁衣》《直室門》《有疾》《死》《生子》《忌

---

　　[*] 本文的韓文稿原收録於（韓國）《延世醫史學》2021 年第 49 號，第 91—112 頁。
　　① 湖北省文物考古研究所、隨州市考古隊合編：《隨州孔家坡漢墓簡牘》，文物出版社，2006年，第 29—31 頁。

日《占》《歲》等多篇。其内容同於睡虎地、放馬灘秦簡《日書》,可以互相比勘。

《曆日》簡 78 枚,簡長 26.8 釐米,簡寬 0.5—0.6 釐米不等,簡厚約 0.1 釐米,設三道編繩。文字以黑墨書於篾黄一面,字體均爲隸書。又有與《曆日》簡同出的無字竹簡,共有 7 枚。此外,木牘 4 枚,《告地書》1 枚寫字,字體爲隸書,另外無字木牘 3 枚。經整理研究,簡文的成書時間推定爲西漢景帝後元二年,即公元前 142 年。① 孔家坡 M8 號漢墓的墓主“庫嗇夫辟”,應爲西漢時期縣級屬下管理物資及製造的小官。②

其相關的著作,如湖北省文物考古研究所等編的《隨州孔家坡漢墓簡牘》、③何有祖的《孔家坡漢簡叢考》、④劉樂賢的《釋孔家坡漢簡〈日書〉中的幾個古史傳説人物》、⑤陳劍的《孔家坡漢簡的“祟”字》、⑥晏昌貴的《孔家坡漢簡〈日書·歲〉篇五行配音及相關問題》、⑦劉國勝的《孔家坡漢簡日書“五勝”篇芻議》、⑧張顯成與楊艷輝合著的《〈孔家坡漢簡·日書〉釋讀訂補》、⑨劉玉環的《孔家坡漢簡〈日書〉釋文補説》、⑩以及陳炫瑋的《孔家坡漢簡日書研究》、⑪李義平的《孔家坡漢簡〈日書〉初探》⑫等。

---

① 湖北省文物考古研究所、隨州市考古隊合編:《隨州孔家坡漢墓簡牘》,文物出版社,2006年,第 32—34 頁。亦可參見武家璧:《隨州孔家坡漢簡〈曆日〉及其年代》,《江漢考古》2009 年第 1 期,第 120—126 頁。

② 湖北省文物考古研究所、隨州市考古隊合編:《隨州孔家坡漢墓簡牘》,第 3—36 頁。

③ 湖北省文物考古研究所、隨州市考古隊合編:《隨州孔家坡漢墓簡牘》,文物出版社,2006 年。

④ 何有祖:《孔家坡漢簡叢考》,《中國國家博物館館刊》2012 年第 12 期,第 81—85 頁。

⑤ 劉樂賢:《釋孔家坡漢簡〈日書〉中的幾個古史傳説人物》,《中國史研究》2010 年第 2 期,第 105—111 頁。

⑥ 陳劍:《孔家坡漢簡的“祟”字》,復旦大學出土文獻與古文字研究中心網,2011 年 11 月 8 日。

⑦ 晏昌貴:《孔家坡漢簡〈日書·歲〉篇五行配音及相關問題》,《簡帛》第二輯,上海古籍出版社,2007 年,第 415—426 頁。

⑧ 劉國勝:《孔家坡漢簡日書“五勝”篇芻議》,《簡帛》第九輯,上海古籍出版社,2014 年,第 217—221 頁。

⑨ 張顯成、楊艷輝:《〈孔家坡漢簡·日書〉釋讀訂補》,《古籍整理研究學刊》2014 年第 2 期,第 24—27 頁。

⑩ 劉玉環:《孔家坡漢簡〈日書〉釋文補説》,《昆明學院學報》2014 年第 5 期,第 118—121 頁。

⑪ 陳炫瑋:《孔家坡漢簡日書研究》,碩士學位論文,(臺灣) 清華大學歷史研究所,2007 年。

⑫ 李義平:《孔家坡漢簡〈日書〉初探》,中山大學中文系 2009 年碩士學位論文(指導教師: 黄文傑)。

中國醫學的演進,始而巫,繼而巫、醫混合,再進而巫、醫分立。[①] 討論孔家坡漢簡《日書》篇所見的醫療巫術活動,有助於瞭解早期中國醫學的萌芽階段。其中包含占卜問病、五行原理的運用等内容。茲舉例論之於下。

二、醫療巫術活動

(一) 占卜問病

1. 兩漢文獻的記載

兩漢時期的文獻中,巫者從事占卜問病之例屢見不鮮,如司馬遷的《史記・龜策列傳》中,便有古人運用龜卜法占卜問病的詳細記載(見本章第四節"二、占卜問病"的相關討論)。

除兩漢時期傳統文獻記載外,1993 年,江蘇省連雲港市東海縣温泉鎮尹灣村曾發掘六座西漢中晚期一家族墓葬,其中 M6 號墓出土簡牘近 4 萬字。[②]

其中《刑德行時》篇共有十一枚竹簡,六枚竹簡書寫時間表,五枚竹簡書寫占測文字,標題"刑德行時"書於時間表的第一簡簡首。[③] 尹灣漢簡《刑德行時》篇中,亦有根據時段占測得病吉凶的内容:

> 以令時請謁、見人,大吉。以行,莫敢禁止。疾者,不死。毄(繫)者,毋(無)罪。亡人,不得。生子,必貴。(84)

> 以罰時請謁、〔見〕人,小凶。以行,不利。毄(繫)者,有罪。疾者,死。生子,凶。(85—86)[④]

此篇將時段分成端、令、罰、刑、德五時,所占測之事,有請謁、見人、出行、

① 陳邦賢:《中國醫學史》,商務印書館,1954 年,第 7—10 頁。
② 李均明:《古代簡牘》,文物出版社,2003 年,第 101—109 頁。亦可參考連雲港市博物館:《江蘇東海縣尹灣漢墓群發掘簡報》,《文物》1996 年第 8 期,第 4—25 頁。
③ 劉樂賢:《尹灣漢墓出土數術文獻初探》,載連雲港市博物館、中國文物研究所合編:《尹灣漢墓簡牘綜論》,科學出版社,1999 年,第 181—182 頁。
④ 連雲港市博物館、中國社會科學院簡帛研究中心、東海縣博物館、中國文物研究所合編:《尹灣漢墓簡牘》,中華書局,1997 年,第 145 頁。

囚繫、得病、生子、亡人等事項。① 換言之，兩漢時期，占斷疾病乃古人常留意的事情之一。

2.《日書》篇的記載

隨州孔家坡漢簡《日書》篇中，亦不乏"占卜問病"的記載，比如：

建除：除日，……有癉病者，死。……可以飲樂（藥）。（14）

盈日，……〔有〕疾者，不起，難 瘳 。（15）

辰 ：〔危陽，〕☒ ……有病，不死。（36 中間）

星官：輿鬼，……生子，子瘚（癉）。（71 中間）

五子：五寅，利除疾。（184 貳）

直（置）室門：〔食過門，〕☒ 喪，家門乃多恙。反（返），是主必屭。（288 壹）

報日：辛亥、辛卯、壬午，不可以寧人及問疾，人必反代之。（305 叁—306 叁上段）

有疾：☒ 辛 汗（間）。大父祟。②（347 壹）

☒ 汗 （間）。人炊（痾）祟。（348 壹）

☒ 甲 有 瘳，乙汗（間）。巫及室祟。（349 壹）

庚辛，金也，有疾，白色日中死。非白色，丙有瘳，丁汗（間）。街行、人炊（痾）、兵祟。（350 壹）

壬癸，水也，有疾，黑色季子死。非黑色，戊有瘳，己汗（間）。蚤（竈）神及水祟。（351 壹）

死：子有疾，四日小汗（間），七日大汗（間）。其祟天土。甲子雞鳴有疾，青色死。（352 壹）

---

① 劉樂賢：《尹灣漢墓出土數術文獻初探》，載連雲港市博物館、中國文物研究所合編：《尹灣漢墓簡牘綜論》，第 181—182 頁。

② "祟"字的考釋，陳劍在《孔家坡漢簡的"祟"字》一文中曾云："隨州孔家坡漢簡《日書》簡345～364 的《有疾》和《死》（篇題皆係整理者擬定）兩篇中，'祟'字多次出現，皆被整理者誤釋讀爲了'祟（患）'（解釋爲'作祟'），似尚未見有人指出。……凡此可見，從文例看此字應釋讀爲'祟'，是很明顯的。整理者之誤，殆爲字形所惑。"陳劍：《孔家坡漢簡的"祟"字》，復旦大學出土文獻與古文字研究中心網，2011 年 11 月 8 日。

丑有疾，三日小汗（閒），九日大汗（閒）。其祟三土君。乙丑平旦有疾，青色死。（353 壹）

寅有疾，四日小汗（閒），五〈七〉日大汗（閒）。祟北君最主。丙寅日出有疾，赤色死。（354 壹）

卯有疾，三日小汗（閒），九日大汗（閒）。祟三公主。丁卯蚤食有疾，赤色死。（355 壹）

辰有疾，四日小汗（閒），七日大汗（閒）。祟大父。戊辰莫（暮）食有疾，黃色死。（356 壹）

巳有疾，三日小汗（閒），九日大汗（閒）。祟高姑姊□。己巳〔日中〕有疾，黃色死。（357 壹）

午有疾，三〈四〉日小汗（閒），七日〔大〕汗（閒）。禱及道，鬼尚行。庚午日失（昳）有疾，白色死。（358 壹）

〔未有疾，〕☒市有疾，白色死。（359 壹）

〔申有疾，〕☒。祟旱殤。壬申莫（暮）市有疾，黑色死。（360）

〔酉有疾，〕☒。祟門名之鬼。〔癸酉牛羊入有疾，黑色死。〕（361）

〔戌有疾，〕☒汗（閒）。祟門、街。戊戌黃昏有疾，死。（362）

〔亥有疾，〕☒汗（閒）。祟人炊、老人。癸亥人鄭（定）有疾，死。（363）

☒有疾。（364）

生子：辰生子，七日、三月不死，多病。（383 貳）

☒□、壬，男；乙、丁、己、辛、癸，女。生子不中此日，不死，瘻（癃），不行。（391 貳）

忌日：未不可行作，不可上山，斧斤不折，四支（肢）必傷。（394 下段—395 上段）

血忌：春心，夏輿鬼，秋妻，冬虛，不可出血若傷，必死。（397）

占：☒□至三日有陰，君子死，民多疾。（405）

☒……從東南來，民多疾。（421 下段）

司歲：巳朔，蓋（協）洽司歲，民有疾。（432 壹）

主歲：庚辛朔，白啻（帝）主歲，風柏（伯）行没。……民多疾。
（433 貳—434 貳）

壬癸朔，剶（炎）啻（帝）主歲，群巫〔行〕没。……民少疾。（436 貳）

朔占：三以巳朔歲大爲，女子有疾。（445 貳）[1]

"劇"即剧，傷也。上引《有疾》《死》篇，描述以不同時日來判斷病情變化的占卜問病内容。其中《有疾》篇的"大父""人炊（痾）""巫及室""街行、人炊（痾）、兵""蚤（竈）神及水"等，以及《死》篇的"天土""三土君""北君冣主""三公主""大父""高姑姊□""鬼""旱殤""門召之鬼""門、街""人炊、老人"等，又《主歲》篇的"風柏（伯）""群巫"等等，皆爲降祟致病的鬼神。兩漢時期，古人面對各種疾病，仍歸咎於鬼神作祟。

（二）《日書》篇所見之醫療巫術的特徵

1. 五行原理

首先，若將孔家坡漢簡《日書・歲》所見五行的主要内容[2]與兩漢時期成書的《黃帝内經素問》的五行原理[3]互爲比對，則可得如下列表（表 18）。

表 18　孔家坡漢簡的五行内容

分　　類	木	火	土	金	水
《孔家坡》五方	東方	南方	中央	西方	北方
《素問》五方	東	南	中	西	北

---

① 湖北省文物考古研究所、隨州市考古隊合編：《隨州孔家坡漢墓簡牘》，第 129—183 頁。

② 孔家坡漢簡所見之五行的主要内容見於《日書・歲》的記載："東方青，南方赤，西方白，北方黑，中央〔黃〕。□丂□，西方鮚（苦），北方齊（辛），中央甘，是五餘（味）。東方微，南方羽，西方商，北方角，中央宫，是胃（謂）五畜。……於是令東方生，令南方長，令西方殺，令北方臧（藏），令中央兼收，是胃（謂）五時。（460 下段—464 中間）"湖北省文物考古研究所、隨州市考古隊合編：《隨州孔家坡漢墓簡牘》，第 184—185 頁。

③ 參見鄺芷人：《陰陽五行及其體系》（增訂版），文津出版社，1998 年，第 287 頁。

續 表

分 類	木	火	土	金	水
《孔家坡》五色	青	赤	〔黄〕	白	黑
《素問》五色	青	赤	黄	白	黑
《孔家坡》五音	微	羽	宮	商	角
《素問》五音	角	微	宮	商	羽
《孔家坡》五味	☐	☐	甘	餂(苦)	齊(辛)
《素問》五味	酸	苦	甘	辛	鹹
《孔家坡》五時	生	長	兼收	殺	臧(藏)
《素問》五時	春(生)	夏(長)	長夏(化)	秋(收)	冬(藏)

又將孔家坡漢簡《日書》篇所見五行三合局、五行相克等五行原理①與兩漢時期的傳統文獻《淮南子·天文》、②《黄帝内經素問·六微旨大論》、③《黄

---

① 孔家坡漢簡《日書》篇所見之五行三合局、五行相克關係,見於《□生》《五勝》《歲》等篇:"水生申,壯子,老辰。木生亥,壯卯,老未。火生寅,壯午,老戌。金生巳,壯酉,老丑。(103—104)""東方木,金勝木。……南方火,水勝火。……北方水,土勝水。……西方金,火勝金。(105—106)""於是令火勝金,令水勝火,令土勝水,令木勝土,令金勝木,……(462下段—463上段)"湖北省文物考古研究所、隨州市考古隊合編:《隨州孔家坡漢墓簡牘》,第139、140、184—185頁。

② 《淮南子·天文》有五行三合局、五行原理與干支、五行相生關係等記載:"木生於亥,壯於卯,死於未,三辰皆木也。火生於寅,壯於午,死於戌,三辰皆火也。土生於午,壯於戌,死於寅,三辰皆土也。金生於巳,壯於酉,死於丑,三辰皆金也。水生於申,壯於子,死於辰,三辰皆水也。……甲乙寅卯,木也;丙丁巳午,火也;戊己四季,土也;庚辛申酉,金也;壬癸亥子,水也。水生木,木生火,火生土,土生金,金生水。"張雙棣:《淮南子校釋》卷三,北京大學出版社,1997年,第374—392頁。

③ 今本《黄帝内經素問·六微旨大論》有五行三合局的記載:"帝曰:'願聞其歲候何如?'歧伯曰:'……是故寅午戌歲氣會同,卯未亥歲氣會同,辰申子歲氣會同,巳酉丑歲氣會同,終而復始。'"(唐)王冰次注,(宋)林億等校正:《黄帝内經素問》卷十九《六微旨大論》,載《文淵閣四庫全書》(第七三三册),臺灣商務印書館,1983—1986年,第221頁。

帝內經素問·天元紀大論》①等篇所見之五行原理互爲比對,則可得如下
列表(表 19)。

表 19　孔家坡漢簡的五行原理

分　類	木	火	土	金	水
《孔家坡》天干	☑(甲、乙)	☑(丙、丁)	☑(戊、己)	庚、辛	壬、癸
《淮南子》天干	甲、乙	丙、丁	戊、己	庚、辛	壬、癸
《素問》天干	丁、壬	戊、癸	甲、己	乙、庚	丙、辛
《孔家坡》五行三合局	亥、卯、未	寅、午、戌		巳、酉、丑	申、子、辰
《淮南子》五行三合局	亥、卯、未	寅、午、戌	午、戌、寅	巳、酉、丑	申、子、辰
《素問》五行三合局	亥、卯、未	寅、午、戌		巳、酉、丑	申、子、辰
《淮南子》五行相生	木生火	火生土	土生金	金生水	水生木
《素問》五行相生②	木生火	火生土	土生金	金生水	水生木
《孔家坡》五行相克	〔木勝土〕	火勝金	土勝水	金勝木	水勝火
《素問》五行相克③	木勝土	火勝金	土勝水	金勝木	水勝火

----

　　① 今本《黃帝內經素問·天元紀大論》有天干與五行關係的記載:"〔鬼臾區曰:〕'臣聞之,甲己
之歲,土運統之。乙庚之歲,金運統之。丙辛之歲,水運統之。丁壬之歲,木運統之。戊癸之歲,火運
統之。'"同上,《天元紀大論》,第 208 頁。
　　② 參見鄺芷人:《陰陽五行及其體系》(增訂版)"內經素問之'五運六氣'原理",第 296—
299 頁。
　　③ 同上。

據表 18、19 可知,孔家坡漢簡《日書》篇所見五行原理,雖與當時流行的五行觀念基本相類,但與《黄帝内經素問》的五行内容不完全一致。先秦秦漢時期的五行學説流傳頗廣,流派眾多,上引孔家坡漢簡《日書》篇中的五行内容,應爲當時五行家眾多流派之一。[①]

2. 占卜問病

再次,對於孔家坡漢簡《日書》篇所見的以五行原理占斷病情變化的内容,若以《死》篇的記載爲例,並結合當時流行的五行觀念,可列表整理如下(表 20)。因《有疾》篇的殘斷程度較爲嚴重,故此處暫不討論。

表 20　孔家坡漢簡《日書》篇所見之占卜問病

分類	地支	疾日	小汗(間)日[②],原理	大汗(間)日,原理	祟源	干支時段與五行所屬[③]	死色,原理
木	亥	亥	☑	☑	人炊、老人	癸亥人鄭(定),屬火	
	卯	卯	三日(午),相生(木生火)	九日(子),相生(水生木)	三公主	丁卯蚤食,屬木	赤色,相生(木生火)
	未	未	☑	☑	☑	☑〔辛未〕市,屬土	白色,相生(土生金)
火	寅	寅	四日(午),自逢生旺	五〈七〉日(酉),相克(火勝金)	北君冣主	丙寅日出,屬木	赤色,相生(木生火)
	午	午	三〈四〉日(戌),自逢生旺	七日(丑),相克(火勝金)	鬼	庚午日失(昳),屬土	白色,相生(土生金)
	戌	戌	☑	☑	門、街	戊戌黄昏,屬水	

---

① 詳見程少軒:《放馬灘簡式占古佚書研究》,中西書局,2018 年,第 74 頁。

② 關於"小汗(間)日""大汗(間)日"的計算是否排除當日或包括當日,古時算法不一,此處暫時排除當日。不過,無論是否排除當日,孔家坡漢簡《日書·死》中的五行相生、相克的規律,皆不盡嚴密。

③ 關於孔家坡漢簡《日書》篇與放馬灘秦簡《日書》篇所見的六十干支與五行所屬,可參見程少軒:《放馬灘簡式占古佚書研究》,第 75—78 頁。

續　表

分類	地支	疾日	小汗(閒)日,原理	大汗(閒)日,原理	祟源	干支時段與五行所屬	死色,原理
土							
金	巳	巳	三日(申),相生(金生水)	九日(寅),相克(火勝金)	高姑姊□	己巳〔日中〕,屬水	黃色,相克(土勝水)
	酉	酉	☑	☑	門臽之鬼	〔癸酉牛羊人〕,屬金	〔黑色〕,相生(金生水)
	丑	丑	三日(辰),相生(金生水)	九日(戌),相克(火勝金)	三土君	乙丑平旦,屬金	青色,相克(金勝木)
水	申	申	☑	☑	早殤	壬申莫(暮)市,屬金	黑色,相生(金生水)
	子	子	四日(辰),自逢生旺	七日(未),相生(水生木)	天土	甲子雞鳴,屬金	青色,相克(金勝木)
	辰	辰	四日(申),自逢生旺	七日(亥),相生(水生木)	大父	戊辰莫(暮)食,屬水	黃色,相克(土勝水)

孔家坡漢簡《日書·死》所見的以五行原理占斷病情變化的内容,顯然未見任何五行相生相克的規律,而是巫者任意占斷。中國醫學早期萌芽階段,尚未全面應用五行原理占斷病情變化,亦未全面確立後代醫家的五行觀念。

3. 其他特點

至兩漢時期,順乎陰陽四時之序與疾病發生之關係,[①]在今本《黄帝内經素問·四氣調神大論》中,亦有記載:

　　夫四時陰陽者,萬物之根本也。所以聖人春夏養陽,秋冬養陰,以從其根,故與萬物沈浮於生長之門。逆其根,則伐其本,壞其真矣。故陰陽四時者,萬物之終始也,死生之本也。逆之則災害生,從之則

---

　　① 詳見趙容俊:《先秦巫者的醫療活動研究》,清華大學 2010 年博士學位論文(指導教師:李學勤),第 92—95 頁。

苛疾不起,是謂得道。①

今本《黄帝内經素問》爲漢代成書,可見當時仍然特別强調順乎陰陽四時之序。②

　　孔家坡漢簡《日書·歲》(圖 10)亦有順乎陰陽四時之序與疾病發生關係的記載,近似於古代的歲時月令:

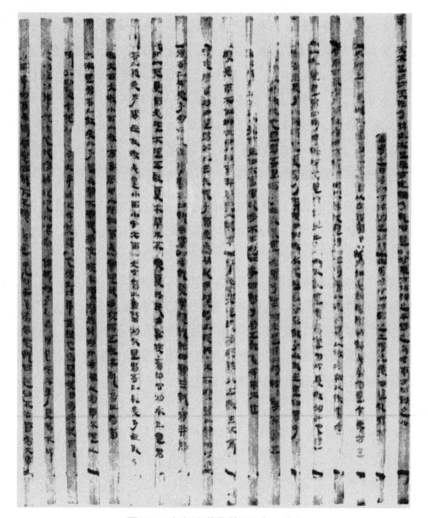

圖 10　孔家坡漢墓簡《日書·歲》

---

① （唐）王冰次注,（宋）林億等校正:《黄帝内經素問》卷一,第 14—15 頁。
② 盧嘉錫總主編,廖育群等著:《中國科學技術史——醫學卷》,科學出版社,1998 年,第 60 頁。

正月并居寅，以謀春事。必温，不温，民多疾，草木、五穀生不齊。二月發春氣於丑，……發子氣矣，必風，民多腹腸之疾，草木不實。三月止寒於戌，是胃（謂）吾已成矣，子敬毋 殺 。……四月并居卯，以受夏氣。必温，不温，五穀夏天，草木不實、夏洛（落），民多戰疾。五月治虫於辰巳，是胃（謂）吾已長矣，子戒毋敢徵。……六月止雲鷲（霧）於亥，是胃（謂）吾已長矣，子毋敢徵。……七月并居申，以行秋氣。必寒，温，民多疾病，五穀天死。八月止陽氣於未，是胃（謂）吾已殺矣，止子氣。必寒，不寒，民多戰疾，禾復。九月爲計於卯，蚤（早）風以於草木，温以清，五官受令其 風，忘有大事，計不成。……其赤也，民多戰疾，鬼水哀。十月稱臧（藏）於子，必請風，忘有大事，受臧（藏）不成。十〔一〕月屆（廩）事於酉，必請風。……十二月置、免於午，必請風。（469 中間—478）①

據此可知，孔家坡漢簡《日書·歲》中，亦强調只有順乎所謂陰陽四時之序，即春生、夏長、秋收、冬藏的宇宙規律，才能免受病苦，否則必將發病。

除此之外，孔家坡漢簡《日書》篇中尚未見“湮（唾）、賁（噴）、吹”或“禹步三”等巫術性肢體動作，以及結合巫術性語言的複合式的“祝由”巫術方式。此種“咒禁療法”的記載，②可參見馬王堆帛書《五十二病方》篇的内容，當時人在醫療活動中，應已運用巫術性語言與肢體動作兩者結合的方式，③但孔家坡漢簡《日書》篇中暫未見之。

---

① 湖北省文物考古研究所、隨州市考古隊合編：《隨州孔家坡漢墓簡牘》，第 185 頁。
② 廖育群：《醫者意也——認識中醫》，廣西師範大學出版社，2006 年，第 72—90 頁。亦可參考盧嘉錫總主編，廖育群等著：《中國科學技術史——醫學卷》，第 15—16 頁。
③ 詳見第五章討論。

第五章 帛書材料

第一節 馬王堆帛書《五十二病方》篇
所見之醫療巫術考察[*]

東周時期，醫雖已有專門化、職業化的傾向，然而東周社會仍未盡脫巫醫思想。以巫術之法療疾的情形，尚普遍存在於東周社會中。

本節主要運用最近重新整理刊行的《長沙馬王堆漢墓簡帛集成》（第伍册）中的《五十二病方》篇的記錄，與各種先秦傳統文獻及其他出土文獻互相印證，以祝由巫術、逐疫除凶、治蠱之法等爲主，探討馬王堆帛書《五十二病方》篇所見醫療巫術的主要内容。

第一是"祝由巫術"，先秦古人曾用念誦咒語、祈禱神靈，以及巫術性語言與肢體動作結合等方法，施行"祝由"以乞求神靈寬恕，希冀病愈。此種祝由術，在馬王堆帛書《五十二病方》篇中屢見不鮮。

第二，若就"逐疫除凶"而言，馬王堆帛書《五十二病方》篇中，亦多見此種巫術性的逐疫除凶活動。

第三是"治蠱之法"，古人若遭遇放蠱毒人之術，便施行治蠱之法。馬王堆帛書《五十二病方》篇中亦可見之。

此外，中國早期醫學的起源與發展，又影響至古代韓國和日本等地，故本節的研究成果，亦有助於瞭解東亞古代社會早期醫學的萌芽階段。[①]

---

[*] 本文的英文稿原收錄於（韓國）《醫史學》2019 年第 28 卷第 3 號，第 755—785 頁。

[①] 參見（韓）趙興胤：《한국 무의 세계：韓國巫的世界》，（韓國）民族社，1997 年，第 216—226 頁。亦可參考（日）大江篤：《日本古代の神と霊：日本古代的神和靈》，（日本）臨川書店，2007 年，第 24 頁。

一、馬王堆帛書簡介

馬王堆位於湖南省長沙市東郊五里牌外，自 1972 年始，陸續發掘 1、2、3 號漢墓，其中 2 號漢墓內發現陰文篆體"利蒼"二字，由此可以判斷 2 號墓主的身份。帛書在 3 號漢墓的長方形漆奩內發現，由於長期卷壓折疊，已殘破斷損。帛幅寬約 48 釐米，長約 85 釐米，墨書。帛書內容參考《漢書·藝文志》的分類，涉及"六藝""諸子""兵書""數術""方技""其他"等。①

其中記載"數術"的，如《五星占》《天文氣象雜占》《出行占》《木人占》《相馬經》《篆書陰陽五行》《隸書陰陽五行》等，皆與巫術的占卜活動有關，在先秦巫術研究上，具有重要的價值。②

此外，還有記載"方技"的，③如《足臂十一脈灸經》《陰陽十一脈灸經》《脈法》《陰陽脈死候》《五十二病方》《卻穀食氣》《導引圖》《養生方》《雜療方》《胎産書》等帛書，④以及《十問》《合陰陽》《雜禁方》《天下至道談》等二百二十枚醫簡，⑤皆載有早期醫學內容，可爲先秦中國醫學發展情形之參考。⑥ 主要包括內服、手術、砭灸、按摩等數法，反映戰國時代的醫學成就，以及先秦時期的醫學思維。⑦ 其中大部分屬於先秦著作。⑧

---

① 參見劉國忠：《古代帛書》，文物出版社，2004 年，第 48—61 頁。

② 同上，第 88—100 頁。

③ 方技類的內容，如《漢書·藝文志》記載："凡方技三十六家，八百六十八卷。方技者，皆生生之具，王官之一守也。太古有岐伯、俞拊，中世有扁鵲、秦和，蓋論病以及國，原診以知政。漢興有倉公。今其技術晻昧，故論其書，以序方技爲四種。"（漢）班固撰，（唐）顏師古注：《漢書》（中冊）卷三十，中華書局，2005 年，第 1398 頁。

④ 參見劉國忠：《古代帛書》，第 55—61 頁。

⑤ 李均明：《古代簡牘》，文物出版社，2003 年，第 74—79 頁。

⑥ 馬繼興：《出土亡佚古籍研究》"馬王堆出土醫書中的藥學成就"，中醫古籍出版社，2005 年，第 277 頁。亦可參見劉國忠：《古代帛書》，第 103—112 頁。

⑦ 許進雄：《中國古代社會——文字與人類學的透視》（修訂本），第 508 頁。其云："近年在湖南長沙馬王堆發掘到一些古代的醫學著作，反映一些戰國時代的醫學成就。最早的抄本是秦、漢之際的《五十二病方》。……我們可以想像漢代編輯的兩部醫學名作《神農本草》和《黃帝內經》，都是在戰國的醫學基礎上發展起來的。"

⑧ 趙璞珊：《中國古代醫學》，中華書局，1983 年，第 25 頁。其云："經過鑒定，這批醫書大部屬於先秦著作，從內容文字觀察，在時代上比《黃帝內經》成書爲早。"此外，馬繼興在《馬王堆古醫書考釋》中亦云："馬王堆出土醫書雖然大都是戰國至秦時代的著作，上至原始社會還有相當的距離，但是和各種傳世醫書比較，相對地在時間上仍然屬於最早期的。"馬繼興：《馬王堆古醫書考釋》，湖南科學技術出版社，1992 年，第 22—23 頁。亦可參見馬繼興：《出土亡佚古醫籍研究》，第 277 頁。筆者據前賢的研究成果，將其視爲先秦文獻。

　　《五十二病方》(圖11)雖原無篇題,但正文的基本格式是在每種疾病前先書標題,然後分別記載各種方劑或療法,共五十二題,與卷首"凡五十二"題字一致。全書大約 500 行、1 萬 1 千字左右,[①]抄録於高約 24 釐米的半幅帛上,保存欠佳。此篇涉及病名 103 個,治療方劑 283 方,藥物 247 種。此《五十二病方》篇,乃中國最古的醫學方書。[②]

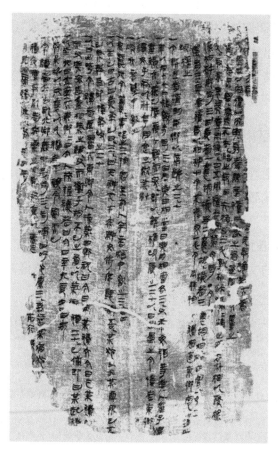

圖 11　馬王堆帛書《五十二病方》篇

　　① 裘錫圭主編,湖南省博物館、復旦大學出土文獻與古文字研究中心編纂:《長沙馬王堆漢墓簡帛集成》(第五册),2014 年,第 213—214 頁。
　　② 劉國忠:《古代帛書》,第 106—108 頁。亦可參考盧嘉錫總主編,廖育群等著:《中國科學技術史——醫學卷》,科學出版社,1998 年,第 85—86 頁。

相關研究著作,可參考 Harper, Donald John(夏德安)的《THE "WU SHIH ERH PING FANG" — TRANSLATION AND PROLEGOMENA:五十二病方》、①張麗君的《〈五十二病方〉祝由之研究》、②王化平的《鬼神信仰與數術——〈五十二病方〉中所見祝由術的解讀》、③袁瑋的《〈五十二病方〉祝由療法淺析》、④李家浩的《馬王堆漢墓帛書祝由方中的"由"》、⑤劉國忠的《古代帛書》、⑥馬繼興的《馬王堆古醫書考釋》⑦與《出土亡佚古醫籍研究》,⑧以及裘錫圭主編的《長沙馬王堆漢墓簡帛集成》(第伍册)⑨等。

就馬王堆帛書《五十二病方》篇所見醫療巫術活動的研究而言,其真實反映了先秦時期的臨床醫學和方藥學發展水平,並包含若干醫療巫術活動的内容,有助於我們瞭解早期中國醫學的萌芽階段。

二、祝由巫術

"祝由"巫術,即祝説病由,乃中國古代以祝禱符咒治病的方術,主要以祈禱、祭祀、咒語、簡單的肢體動作構成,⑩後世稱以符咒禳病者爲"祝由科"。

(一) 先秦各種文獻的記載

先秦時期的文獻已有此種祝由巫術之例,如《公羊傳》隱公四年記載:

① (美)Harper, Donald John(夏德安):《THE "WU SHIH ERH PING FANG" — TRANSLATION AND PROLEGOMENA:五十二病方》,(美國)UNIVERSITY MICROFILMS INTERNATIONAL,1983 年。
② 張麗君:《〈五十二病方〉祝由之研究》,《中華醫史雜誌》1997 年第 27 卷第 3 期,第 144—147 頁。
③ 王化平:《鬼神信仰與數術——〈五十二病方〉中所見祝由術的解讀》,《中醫藥文化》2016 年第 5 期,第 4—10 頁。
④ 袁瑋:《〈五十二病方〉祝由療法淺析》,《湖南中醫學院學報》1988 年第 1 期,第 38—40 頁。
⑤ 李家浩:《馬王堆漢墓帛書祝由方中的"由"》,《河北大學學報(哲學社會科學版)》2005 年第 1 期,第 73—76 頁。
⑥ 劉國忠:《古代帛書》,第 48—118 頁。
⑦ 馬繼興:《馬王堆古醫書考釋》,湖南科學技術出版社,1992 年。
⑧ 馬繼興:《出土亡佚古醫籍研究》,中醫古籍出版社,2005 年。
⑨ 裘錫圭主編,湖南省博物館、復旦大學出土文獻與古文字研究中心編纂:《長沙馬王堆漢墓簡帛集成》(第五册),第 213—308 頁。
⑩ 趙容俊:《先秦巫者的醫療活動研究》,清華大學 2010 年博士學位論文(指導教師:李學勤),第 127—142 頁。

於鍾巫之祭焉,弑隱公也。①

東漢何休注云:"巫者,事鬼神,禱解以治病、請福者也。男曰覡,女曰巫。"②

《論語·述而》亦云:

> 子疾病,子路請禱。子曰:"有諸?"子路對曰:"有之。《誄》曰:'禱爾于上下神祇。'"子曰:"丘之禱久矣。"③

由二文可知,先秦時期古人曾用祈禱的方式,即施行"祝由"之法,以乞求神靈寬恕。

1994 年初,上海博物館收藏的戰國楚簡《柬(簡)大王泊旱》篇,以及《内豊(禮)》篇中,亦有以各種"祝由"醫療巫術,向神靈祭禱的内容。以《内豊(禮)》篇爲例:

> 君子曰:"孝子,父母又(有)疾,晃(冠)不力,行不頌(翔),不衺(依)立,不庶語。時昧,社(攻)、繁(禜)、行,祝於五祀,剴(劌)必又(有)益,君子以城(成)亓(其)孝。是胃(謂)君=子=。"(8 中間—9 上段)④

簡文大意,乃以"社(攻)""繁(禜)""行""祝"祭等各種"祝由"醫療巫術之法,向神靈進行祭禱。此上博楚簡,似亦出土於荊門地區。⑤ 由此可知,屬於戰國時期的上博簡中,亦可見古人相信祝由巫術的事實。

(二)《五十二病方》篇的記載

馬王堆帛書《五十二病方》篇所見之祝由巫術可分爲巫術性語言與複合式祝由巫術兩大類。

---

① (清)阮元校刻:《十三經注疏(附校勘記)》(下册),《公羊傳》卷二,第 2205 頁。
② 同上。
③ 同上,《論語》卷七,第 2484 頁。
④ 馬承源主編:《上海博物館藏戰國楚竹書(四)》,上海古籍出版社,2005 年,第 226—227 頁。
⑤ 參見中國社會科學院考古研究所編:《中國考古學》,中國社會科學出版社,2004 年,第 488—490 頁。

1. 巫術性的語言

巫術性的語言，或曰念誦咒語的行爲，乃巫術性療法的重要組成部分之一。如在《五十二病方》篇中的“祝曰”與各種咒文，或用威脅病鬼，或用乞求神靈祛邪消病，以及直接詛咒病鬼之名等，[①]皆屬於精神療法之一的“咒禁療法”。古人認爲運用此種咒禁療法，便能達到威懾厲鬼而逐鬼驅疫的目的。[②] 比如馬王堆帛書《五十二病方》篇記載：

諸傷：一，傷者血出，祝曰：“男子竭，女子蔍（滅）。”五畫地〔□〕之。（13 行）

尤（疣）：一，以月晦日之丘井有水者，以敝帚騒（掃）尤（疣）二七，祝曰：“今日月晦，騒（掃）尤（疣）北。”入帚井中。（104 行）

蕀（癩）：一，以辛巳日，〔祝〕由曰：“賁（噴），辛巳日。”三；曰：“天神下干疾，神女倚序聽神吾（語）。某狐父非其處所。巳（已）。不巳（已），斧斬若。”即操布段之二七。（217—218 行）

〔一，□：〕“某蕀（癩）巳（已），敬以豚塞（賽）。以爲不仁（信），以白〔□□〕□〔□□□□□□□□□□□□□□□□□〕縣（懸）茅比（祉）所，且塞（賽）壽（禱），以爲□□▢。”（243—244 行）

鬃（髹）：一，“歕（噴），桼（漆）王，若不能桼（漆）甲兵，令某傷，奚（雞）矢（屎）鼠襄（壤）涂（塗）桼（漆）王。”（392 行）

魃：一，祝曰：“潰（噴）者魃父魃母，毋匿，符實□北，皆巫婦，求若固得。縣（懸）若四體（體），編若十指，投若於水，人毆（也），人毆（也）而比鬼。晦行□□，以采〈采〉蠹爲車，以敝箕爲輿，乘人黑豬，行

---

① 直接詛咒病鬼之名以治病，在中國少數民族的巫醫療法中即可見之。宋兆麟在《巫與巫術》一書中，曾提及廣東海豐地區巫者的詛咒療法：“廣東海豐地區漢族遇到小孩患眼紅病，則認定是赤目神作祟，必行巫術，巫師或成年人在紙上寫一首打油詩：‘赤目赤目神，你是揚州掃地人。只因掃地打瞎目，今來變作赤目神。我今天來點破你，千年萬載不相尋。’寫畢，把紙貼在門柱上，路人看了念一遍，小孩的眼疾就會痊愈。這實際是以神名當神進行詛咒的模仿巫術。由此看出，遠古醫療疾病的重擔只能落在巫師的肩上，這是史前時代巫醫結合的歷史背景。”宋兆麟：《巫與巫術》，第 270 頁。

② 除馬王堆帛書《五十二病方》篇外，此種“咒禁療法”的文獻記錄，睡虎地秦墓竹簡《日書》甲種《詰》中亦可見之。見第四章討論。

人室家，□〔□□□□〕□□□□若□〔□〕徹胆，魅□魅婦〔□〕□□所。"(453—455 行)①

"之"猶往也，"若"猶爾也。第 217—218 行所見的"由"，應釋爲"祝由"。②第 244 行所見的"塞(賽)壽(禱)"，乃患者病愈之後舉行的一種回報神靈的祝禱。③ 此爲患者罹病時的許願，故亦屬於巫術性語言範疇。

2. 複合式的祝由巫術

《五十二病方》篇中複合式的祝由巫術，即巫術性語言與肢體動作結合的記載，占比最大，大多在念誦咒語之前或後進行。其中"涶(唾)""賁(噴)"等巫術行爲，包含"口舌爲毒"療法，④此法一直流行至後世。⑤ 此外，"禹步三"的巫術動作，⑥不僅是古人效仿巫者跳舞舉行巫儀，還有以

---

① 上列馬王堆帛書《五十二病方》篇的全部釋文，亦可參考裘錫圭主編的《長沙馬王堆漢墓簡帛集成》(第伍册)的重新隸定與考釋。裘錫圭主編，湖南省博物館、復旦大學出土文獻與古文字研究中心編纂：《長沙馬王堆漢墓簡帛集成》(第伍册)，2014 年，第 217—296 頁。

② 對於文中"由"字的考釋，李家浩在《馬王堆漢墓帛書祝由方中的"由"》一文中的摘要云："秦漢簡帛文字往往把'由'寫作'古'字形。據此，所謂的'古'應該釋讀爲祝由之'由'。'祝由'是同義複詞，所以在馬王堆漢墓帛書中用'祝'的地方，又可以用'由'。"李家浩：《馬王堆漢墓帛書祝由方中的"由"》，《河北大學學報(哲學社會科學版)》2005 年第 1 期，第 73 頁。

③ 有關古人舉行的"塞(賽)禱"之例，如《韓非子·外儲説右下》記載："一曰：秦襄王病，百姓爲之禱。病愈，殺牛塞禱。郎中閻遏、公孫衍出見之，曰：'非社臘之時也，奚自殺牛而祠社？'怪而問之。百姓曰：'人主病，爲之禱。今病愈，殺牛塞禱。'"梁啟雄：《韓子淺解》(下册)卷三十五，第 336 頁。此外，《史記·封禪書》："冬塞禱祠。"唐司馬貞索隱云："賽，今報神福也。"(漢) 司馬遷撰，(宋) 裴駰集解，(唐) 司馬貞索隱，(唐) 張守節正義：《史記》(第 4 册)卷二十八，中華書局，1959 年，第 1371—1372 頁。

④ 有關以"口舌爲毒"治病的巫術性療法，如《靈樞經·官能》論述傳授醫人正確的治療技能時提到："黄帝曰：'各得其人，任之其能，故能明其事。'雷公曰：'願聞官能奈何？'黄帝曰：'……疾毒言語輕人者，可使唾癰咒病。'"(唐) 王冰注，(宋) 史崧校正音釋：《靈樞經》卷十一，載《文淵閣四庫全書》(第七三三册)，第 413 頁。又如《論衡·言毒篇》亦云："巫咸能以祝延人之疾、愈人之禍者，生于江南，含烈氣也。"黃暉撰：《論衡校釋(附劉盼遂集解)》(第 3 册)卷二十三，中華書局，1990 年，第 950 頁。

⑤ 詳見盧嘉錫總主編，廖育群等著：《中國科學技術史——醫學卷》，第 14—15 頁。"口舌爲毒"的治病療法流行至後世，如葛洪的《抱朴子內篇·至理》云："善行氣者，內以養身，外以卻惡。然百姓日用而不知焉。吳越有禁咒之法，甚有明效，多炁(氣)耳。"(晋) 葛洪：《抱朴子內篇》卷一，載《文淵閣四庫全書》(第一〇五九册)，臺灣商務印書館，1983—1986 年，第 29 頁。又如孫思邈的《千金翼方·禁經上》亦云："此令行禁，神明萬物，皆神效驗，須精審之。若唾熱病，以冷氣吹之二七，然後禁之。若唾冷病，以熱氣呵之二七，然後禁之。三唾之後行禁，禁後三唾，乃放之。"(唐) 孫思邈撰，朱邦賢、陳文國等校注：《千金翼方校注》卷二十九，上海古籍出版社，1999 年，第 824 頁。

⑥ 除馬王堆帛書《五十二病方》篇外，此種"禹步三"的文獻記錄，睡虎地秦墓竹簡《日書》甲種《出邦門》中亦可見之。見第四章討論。

此震懾鬼魅、鎮妖驅邪、逐鬼驅疫以治病的涵義。比如：

瘧(瘧)：一，湮(唾)之，賁(噴)："兄父產大山，而(爾)居氏(是)谷下，〔□□〕系而，□〔□□〕而，鳳=(鳳鳥)〔□□。毋敢上下〕鬶=(尋，尋)，豙(喙)且貫而(爾)心。"(82—83 行)

蚖：一，湮汲一音(杯)入奚蠡中，左挲(承)之，北鄉=(嚮，嚮)人禹步三，問其名，即曰："某=(某。某)年□，今〔□〕。"歆(飲)之，音〈言〉曰："疾〔去疾〕巳(已)，徐去徐巳(已)。"即覆奚蠡，去之。(97—98 行)

癀(癲)：〔一，〕操柏杵，禹步三，曰："賁(噴)者一襄胡，濆(噴)者二襄胡，濆(噴)者三襄胡。柏杵臼穿一，毋(無)一。□〔□〕獨有三。賁(噴)者穜(撞)若以柏杵七，令某癀(癲)毋(無)一。"必令同族抱，令癀(癲)者直東鄉(嚮)悤(窗)，道外厇(撞)之。(208—210 行)

癃：一，身有癃者，曰："睪(皋)，敢〔告〕大山陵：'某〔不〕幸病癃，我直(值)百疾之〔□〕，我以明(明)月炻(炙)若，寒且〔□〕若，以柞檎柱若，以虎蚤(爪)抉取若，刀而割若，葦而刪若。今〔□〕若不去，苦湮(唾)□若。'"即以朝日未食，東鄉(嚮)湮(唾)之。(379—381 行)

鬄(鬄)：唾曰："歕(噴)，桼(漆)。"三，即曰："天啻(帝)下若，以桼(漆)弓矢。今若爲下民疕，涂(塗)若以豕矢(屎)。"以履下靡(磨)抵(抵)之。(390 行)①

上文"襄胡"猶除胡，"道外"猶由外，"若"猶爾，"履下"猶鞋底。

3. 祝由巫術的分析

《五十二病方》篇所見全部祝由巫術之例，如以"湮(唾)、賁(噴)、吹"與"禹步三"等巫術性肢體動作及念誦咒語之病方爲主，可列表分析如下(表21)。殘損程度較爲嚴重的內容，此處暫不討論。

---

① 裘錫圭主編，湖南省博物館、復旦大學出土文獻與古文字研究中心編纂：《長沙馬王堆漢墓簡帛集成》(第伍冊)，第 230—285 頁。

表 21　《五十二病方》篇所見之祝由巫術

病　名	病　狀	編　號	涶(唾)、賁(噴)、吹	禹步三	念誦咒語
諸　傷	各種受傷	13	0 次	0 次	1 次
嬰兒瘛	小兒痙攣	51～55	2 次	0 次	1 次
巢(臊)者	體　臭	66	0 次	0 次	1 次
瘙(蠆)	蠍類螫傷	82～83	2 次	0 次	1 次
		84	0 次	0 次	1 次
蚖	毒蛇咬傷	91	1 次	0 次	1 次
		96	2 次	0 次	1 次
		97～98	0 次	1 次	2 次
尤(疣)	皮膚表面的贅生物	103	0 次	0 次	2 次
		104	0 次	0 次	1 次
		105～107	0 次	1 次	1 次
		108	0 次	0 次	1 次
		109～110	0 次	0 次	1 次
		111	0 次	0 次	1 次
(癃)病	小便不利	169～170	1 次	1 次	1 次
積(㿉)	狐疝	208～210	0 次	1 次	1 次
巢(臊)者	體　臭	212～213	0 次	1 次	7 次
		217～218	0 次	0 次	4 次
巢(臊)者	體　臭	219～220	0 次	0 次	2 次
		221	0 次	0 次	1 次

續　表

病　名	病　狀	編　號	涶(唾)、賁(噴)、吹	禹步三	念誦咒語
巢(臊)者	體　臭	223	0 次	1 次	3 次
(瘴)病	小便不利	243～244	0 次	0 次	1 次
□闌(爛)者方	燒　傷	318	1 次	0 次	1 次
癰	皮下組織的化膿性炎症	379～381	1 次	0 次	1 次
鬃(髹)	漆　瘡	390	1 次	0 次	4 次
		391	1 次	0 次	1 次
		392	0 次	0 次	1 次
身　疕	身體瘡瘍	437	0 次	0 次	1 次
魅	小兒鬼作祟	452	0 次	1 次	0 次
		453～455	0 次	0 次	1 次
合　計			12 次	7 次	46 次

　　由此觀之,馬王堆帛書《五十二病方》篇中多見古人用各種念誦咒語、祈禱神靈及巫術性語言與肢體動作結合等方式[1]施行"祝由"之法,以乞求神靈除病驅鬼。[2]

　　據統計,帛書《五十二病方》篇所載醫方共 283 方,包括病名約 103種,其中含巫術性質的醫方近 60 方,約占總醫方的 21.2%;涉及疾病 18種,約占總病名的 17.5%。[3] 在近 60 方具有巫術性質的醫方中,念誦咒語

---

[1]　參閱呂亞虎:《戰國秦漢簡帛文獻所見巫術研究》"生存發展——簡帛文獻所見社會生活中的巫術",科學出版社,2010 年,第 188—190 頁。

[2]　牟鍾鑒、張踐合著:《中國宗教通史》(上册),第 208 頁。

[3]　呂亞虎:《戰國秦漢簡帛文獻所見巫術研究》,第 188 頁。

達 46 次,巫術性肢體動作達 19 次,可知此種古醫方中巫術治病之法仍然盛行,充分展現早期病方中"巫醫不分"的特色。

三、逐疫除凶

除上述各種祝由治病的方法外,其餘巫術性醫療活動,則屬於逐疫除凶與治蠱之法的範疇,包含水寢(以水洗寢)、毆寢(毆除穢物)、搜寢(毆除蟲物及不祥疾疫)等。

(一) 先秦各種文獻的記載

先秦文獻中,有關逐疫除凶的記載屢見不鮮,如《周禮·女祝》云:

> 女祝：……掌以時招、梗、禬、禳之事,以除疾殃。①

招、梗、禬、禳爲四種除疾的祭名,招祭爲招取善祥,梗祭爲豫災之祭,禬、禳乃除災之祀。據此可知,此種祭祀,均屬於驅逐疾疫的巫術行爲。

除此之外,1975 年末,在雲夢睡虎地 M11 號墓葬發掘之秦簡《日書·詰》中,不僅言及鬼神降祟的致病之因,還提出了解除之方,舉睡虎地秦簡《日書》甲種爲例:

> 詰:一宅中毋(無)故而室人皆疫,或死或病,是是棘鬼在焉。正立而貍(埋),其上旱則淳,水則乾。屈(掘)而去之,則止矣。(37 背壹—39 背壹)
>
> 一宅之中毋(無)故室人皆疫,多瞀(夢)米(寐)死,是是匃(訧)鬼貍(埋)焉。其上毋(無)草,如席處。屈(掘)而去之,則止矣。(40 背壹—42 背壹)
>
> 人毋(無)故一室人皆疫,或死或病,丈夫女子隋(墮)須(鬚)贏(脱)髮黃目,是宗(是)宗(殍)人生爲鬼。以沙人一升,揑(捏)其春臼,以黍肉食宗(殍)人,則止矣。(43 背壹—46 背壹)

---

① (清)阮元校刻:《十三經注疏(附校勘記)》(上册),《周禮》卷八,第 690 頁。

一室人皆養（癢）膞（體），癘鬼居之。燔生桐其室中，則已矣。（52 背叁）①

據此可知，戰國末期至秦代，古人對於各種疾病之因，仍歸咎於鬼神作祟，並以巫術方法排難解憂。

（二）《五十二病方》篇的記載

筆者以馬王堆帛書《五十二病方》篇所見之巫術性的祛除疾疫活動爲主簡要分析。

馬王堆帛書《五十二病方》中多見古人逐出癘疫及被除疾病的巫術活動，比如：

癃（癃）病：一，以己巳晨虒（嘶），東鄉（嚮）弱（溺）之。不已（已），復之。（196 行）

癀（癲）：一，令斬足者清明（明）東鄉（嚮），以箾（筊）趏（趏）之二七。（208—210 行）

一，以稈爲弓，以顧衣爲孫（弦），以葛爲矢，以□羽□。旦而射，莫（暮）即□小。（227 行）

一，穿小瓠壺，令其空（孔）盡容癀（癲）者腎與㝓（膒），即令癀（癲）者煩夸（瓠），東鄉（嚮）坐於東陳垣下，即内（納）腎、㝓（膒）於壺空（孔）中，而以采爲四寸杙二七，即以采木椎窲（劙）之。一□□，再窲（劙）之。巳（已）窲（劙），輒桉（插）杙垣下，以盡二七杙而巳（已）。爲之恒以入月旬六日□□盡，日一爲，□再爲之，爲之恒以星出時爲之，須癀（癲）巳（已）而止。（230—233 行）②

由上引幾例可知，古人藉助具有神秘力量的物事作爲治療方法，或利用病

---

① 睡虎地秦墓竹簡整理小組編：《睡虎地秦墓竹簡》，文物出版社，1990 年，第 212—217 頁。上列睡虎地秦簡釋文，亦可參考陳偉主編的《秦簡牘合集（壹）睡虎地秦墓簡牘》的重新隸定與考釋。陳偉主編，武漢大學簡帛研究中心、湖北省博物館、湖北省文物考古研究所編：《秦簡牘合集（壹）睡虎地秦墓簡牘》，武漢大學出版社，2014 年。

② 裘錫圭主編，湖南省博物館、復旦大學出土文獻與古文字研究中心編纂：《長沙馬王堆漢墓簡帛集成》（第伍册），第 249—257 頁。

鬼厭惡的穢惡之物,或利用象征性的工具與舉動祛除作祟的病魔。①

由此觀之,馬王堆帛書《五十二病方》篇中多見古人被除疾病的巫術,即文獻所謂"逐疫除凶"。此種巫術活動雖無濟於事,但有一定的安慰病者心理的功效。

四、治蠱之法

中國傳統巫術中有一種較爲神秘且令人懼怕,即"黑巫術"中的放蠱毒人之術。② 古人認爲,巫者運用此術使人生病甚至喪命,故盡力防治其害。

(一) 先秦各種文獻的記載

先秦傳統文獻所見放蠱毒人之術,如《左傳》昭公元年載晋侯求醫於秦,秦伯使醫和視之,醫和曰:"病不可爲也,是謂近女室,疾如蠱。非鬼非食,惑以喪志。良臣將死,天命不祐。"③又與趙孟談論此事:

> 趙孟曰:"何謂蠱?"對曰:"淫溺惑亂之所生也。於文,皿蟲爲蠱。穀之飛亦爲蠱。在《周易》,女惑男、風落山,謂之蠱䷑。皆同物也。"④

唐孔穎達疏:"以毒藥藥人,令人不自知者,今律謂之蠱毒。"可見放蠱毒人之術法,淵源悠久。⑤

此外,有關放蠱毒人巫術的先秦出土文獻,可參閱侯馬盟書"詛咒類一 105：1"的載書:

> 卹之韓子所不☒奉☒☒宗,而敢☒之☒俞出内于中行寅☒之

① 吕亞虎:《戰國秦漢簡帛文獻所見巫術研究》,第 188—190 頁。
② 對人有害的巫術,即企圖使人生病、死亡,或使之遭遇災難的法術,則稱之爲"黑巫術(Black Magic)"。見第三章第一節討論。
③ (清) 阮元校刻:《十三經注疏(附校勘記)》(下册),《左傳》卷四十一,第 2024 頁。
④ 同上,第 2025 頁。
⑤ 商代甲骨卜辭中,此種放蠱毒人之術,亦可見之。參閱趙容俊:《殷商甲骨卜辭所見之巫術》(增訂本),第 251—260 頁。

所，☐明☐卑不☐☐☐☐☐☐所，敢行☐☐蠱☐利于☐。①

此篇中的"蠱"字，乃詛咒別人而欲其蒙受疾病、災害的一種放蠱巫術。②

　　古人遭遇此種放蠱毒人之術時，並不束手無策，而是施行治蠱之法，以盡力迴避其害，如《周禮·庶氏》云：

　　　　庶氏：掌除毒蠱。以攻、説禬之，〔以〕嘉草攻之。凡驅蠱，則令之比之。③

東漢鄭玄注云："毒蠱，蟲物而病害人者。……攻、説，祈名，祈其神求去之也。嘉草，藥物，其狀未聞。攻之，謂燻之。"此文中的"嘉草"，今人胡新生認爲特指治蠱的"蘘荷"。④ 據鄭玄注可知，巫術性治蠱之法有二，一爲以"攻、説"禳法祈求神靈除蠱，二爲以草藥"攻之"而燻蟲殺蠱。⑤ 先秦時期，此法便已流行。

(二)《五十二病方》篇的記載

《五十二病方·☐蠱者》中可見古人治蠱之法的記載，比如：

　　一，燔女子布，以歆（飲）。（446 行）

　　人蠱而病者：燔北鄉（嚮）并符，而烝（蒸）羊尼（眉），以下湯敦（淳）符灰，即〔☐☐〕病者，沐浴爲蠱者。（447 行）

　　一，病蠱者，以烏雄雞一、蛇一，并直（置）瓦赤鋪（䑍）中，即蓋以☐，爲東鄉（嚮）竈（竈）炊之，令雞、蛇盡燋，即出而冶之。令病者每旦以三指三㝡（撮）藥入一桮（杯）酒若鬻（粥）中而歆（飲）之，日壹歆（飲），盡藥，巳（已）。（448—450 行）⑥

---

①　山西省文物工作委員會編：《侯馬盟書》，文物出版社，1976 年，第 41 頁。
②　同上，第 42 頁。
③　（清）阮元校刻：《十三經注疏（附校勘記）》（上冊），《周禮》卷三十七，第 888 頁。
④　胡新生：《中國古代巫術》，山東人民出版社，1999 年，第 444—445 頁。
⑤　鄧啟耀：《中國巫蠱考察》，上海文藝出版社，1999 年，第 48 頁。亦可參見詹鄞鑫：《心智的誤區——巫術與中國巫術文化》，上海教育出版社，2001 年，第 641—642 頁。
⑥　裘錫圭主編，湖南省博物館、復旦大學出土文獻與古文字研究中心編纂：《長沙馬王堆漢墓簡帛集成》（第伍冊），第 295 頁。

"羊肩"即羊臀,"敦(淳)"猶沃也。可見,先秦時期不僅流行放蠱毒人之術,還有巫術性的治蠱之法。

　　綜上所陳,東周時期,專業的醫術雖已相當發達,但在馬王堆帛書《五十二病方》篇中,依然可見祝由巫術、逐疫除凶、治蠱之法等,[①]即承襲前代之醫療巫術。

---

　　①　參閱趙容俊:《甲骨卜辭所見之巫者的醫療活動》,《史學集刊》2004年第3期,第1—9頁。

參 考 文 獻

一、傳世文獻

（春秋）左丘明撰，鮑思陶點校：《國語》，齊魯書社，2005 年。

（秦）呂不韋撰，（漢）高誘注：《呂氏春秋》，載《文淵閣四庫全書》第八四八册，臺灣商務印書館，1983—1986 年。

（漢）司馬遷撰，（宋）裴駰集解，（唐）司馬貞索隱，（唐）張守節正義：《史記》，中華書局，1959 年。

（漢）楊孚撰，（清）曾釗輯：《異物志》，中華書局，1985 年。

（漢）班固撰，（唐）顔師古注：《漢書》，中華書局，2005 年。

（漢）劉向撰，向宗魯校證：《説苑校證》，中華書局，1987 年。

（漢）史游撰，（唐）顔師古注，（宋）王應麟補注，（清）錢保塘補音：《急就篇》，中華書局，1985 年。

（漢）揚雄：《揚子法言》，臺灣中華書局，1983 年。

（吳）韋昭注：《國語》，上海古籍出版社，1992 年。

（晋）葛洪：《抱朴子内篇》，載《文淵閣四庫全書》第一〇五九册，臺灣商務印書館，1983—1986 年。

（晋）郭璞注：《穆天子傳》，載《文淵閣四庫全書》第一〇四二册，臺灣商務印書館，1983—1986 年。

（晋）王嘉撰，（梁）蕭綺録：《拾遺記》，中華書局，1981 年。

（南朝宋）范曄撰，（唐）李賢等注：《後漢書》，中華書局，1965 年。

（梁）任昉撰：《述異記》，載《文淵閣四庫全書》第一〇四七册，臺灣商務印書館，1983—1986 年。

（梁）沈約注：《竹書紀年》，載《文淵閣四庫全書》第三〇三册，臺灣商務印書館,1983—1986 年。

（唐）王冰次注,（宋）林億等校正:《黃帝内經素問》,載《文淵閣四庫全書》第七三三册,臺灣商務印書館,1983—1986 年。

（唐）王冰注,（宋）史崧校正音釋:《靈樞經》,載《文淵閣四庫全書》第七三三册,臺灣商務印書館,1983—1986 年。

（唐）孫思邈撰,（宋）高保衡、林億等校正:《備急千金要方》,載《文淵閣四庫全書》第七三五册,臺灣商務印書館,1983—1986 年。

（唐）孫思邈撰,朱邦賢、陳文國等校注:《千金翼方校注》,上海古籍出版社,1999 年。

（唐）歐陽詢撰,汪紹楹校:《藝文類聚（附索引）》,上海古籍出版社,1965 年。

（宋）李昉等撰:《太平御覽》,中華書局,1960 年。

（宋）朱熹:《論語集注大全》,（韓國）保景文化社,1986 年。

（宋）朱熹:《楚辭集注》,藝文印書館,1967 年。

（清）孫詒讓撰,王文錦、陳玉霞點校:《周禮正義》,中華書局,1987 年。

（清）孫詒讓撰,孫啟治點校:《墨子閒詁》,中華書局,2001 年。

（清）阮元校刻:《十三經注疏（附校勘記）》,中華書局,1980 年。

（清）王先謙、劉武撰,沈嘯寰點校:《莊子集解》,中華書局,1987 年。

（清）段玉裁注:《説文解字注》,藝文印書館,1994 年。

梁啟雄:《韓子淺解》,中華書局,1960 年。

吳則虞編:《晏子春秋集釋》,中華書局,1962 年。

王　明:《抱朴子内篇校釋》,中華書局,1980 年。

余培林注譯:《新譯老子讀本》,三民書局,1995 年。

黃錦鋐注譯:《新譯莊子讀本》,三民書局,1997 年。

張雙棣:《淮南子校釋》,北京大學出版社,1997 年。

王利器:《吕氏春秋注疏》,巴蜀書社,2002 年。

黎翔鳳撰,梁運華整理:《管子校注》,中華書局,2004 年。

管振邦譯注,宙浩審校:《顏注急就篇譯釋》,南京大學出版社,2009 年。

上海書店編：《二十五史》，上海古籍出版社，1986 年。

上海古籍出版社編：《四部精要》，上海古籍出版社，1982 年。

撰人不詳：《玉函秘典》，載新文豐出版社編輯部：《叢書集成新編》第二六冊，新文豐出版社，2008 年。

二、出土文獻

山西省文物工作委員會編：《侯馬盟書》，文物出版社，1976 年。

馬王堆漢墓帛書整理小組編：《馬王堆漢墓帛書》（肆），文物出版社，1985 年。

湖北省荆沙鐵路考古隊編：《包山楚簡》，文物出版社，1991 年。

湖北省荆州市周梁玉橋遺址博物館編：《關沮秦漢墓簡牘》，中華書局，2001 年。

馬承源主編：《上海博物館藏戰國楚竹書》（一）～（八），上海古籍出版社，2001—2011 年。

湖北省文物考古研究所、隨州市考古隊合編：《隨州孔家坡漢墓簡牘》，文物出版社，2006 年。

張家山二四七號漢墓竹簡整理小組編：《張家山漢墓竹簡（二四七號墓）》（釋文修訂本），文物出版社，2006 年。

甘肅省文物考古研究所編：《天水放馬灘秦簡》，中華書局，2009 年。

陳偉等著：《楚地出土戰國簡册（十四種）》，經濟科學出版社，2009 年。

李學勤主編：《清華大學藏戰國竹簡》（壹）～（玖），中西書局，2010—2019 年。

陳偉主編，武漢大學簡帛研究中心、湖北省博物館、湖北省文物考古研究所編：《秦簡牘合集（壹）　睡虎地秦墓簡牘》，武漢大學出版社，2014 年。

陳偉主編，武漢大學簡帛研究中心、荆州博物館編：《秦簡牘合集（叁）　周家臺秦墓簡牘》，武漢大學出版社，2014 年。

陳偉主編，武漢大學簡帛研究中心、甘肅簡牘博物館編：《秦簡牘合集(肆) 放馬灘秦墓簡牘》,武漢大學出版社,2014 年。

裘錫圭主編,湖南省博物館、復旦大學出土文獻與古文字研究中心編纂:《長沙馬王堆漢墓簡帛集成》,中華書局,2014 年。

三、中文參考資料

（一）專著

畢長樸:《中國上古圖騰制度探賾》,文林打字印刷有限公司,1979 年。

馮友蘭:《中國哲學史新編》,藍燈文化公司,1991 年。

馬繼興:《馬王堆古醫書考釋》,湖南科學技術出版社,1992 年。

馬繼興:《出土亡佚古醫籍研究》,中醫古籍出版社,2005 年。

馬承源主編:《中國青銅器》,上海古籍出版社,1988 年。

馬承源主編:《商周青銅器銘文選》第三冊,文物出版社,1988 年。

梅益總編:《中國大百科全書(宗教)》,中國大百科全書出版社,1988 年。

牟鍾鑒、張踐合著:《中國宗教通史》,社會科學文獻出版社,2000 年。

鄧啟耀:《中國神話的思維結構》,重慶出版社,1992 年。

杜正勝:《古代社會與國家》,允晨文化出版社,1992 年。

李 零:《中國方術正考》,中華書局,2006 年。

李均明:《古代簡牘》,文物出版社,2003 年。

李學勤:《青銅器與古代史》,聯經出版公司,2005 年。

李學勤:《周易溯源》,巴蜀書社,2005 年。

李學勤:《文物中的古文明》,商務印書館,2008 年。

李學勤:《初識清華簡》,中西書局,2013 年。

廖育群:《醫者意也——認識中醫》,廣西師範大學出版社,2006 年。

劉樂賢:《睡虎地秦簡日書研究》,文津出版社,1994 年。

劉國忠:《古代帛書》,文物出版社,2004 年。

劉國忠:《唐宋時期命理文獻初探》,黑龍江人民出版社,2009 年。

劉國忠:《走近清華簡》,高等教育出版社,2011 年。

梁釗韜:《中國古代巫術——宗教起源和發展》,中山大學出版社,

1989 年。

盧嘉錫總主編，廖育群等著：《中國科學技術史——醫學卷》，科學出版社，1998 年。

呂亞虎：《戰國秦漢簡帛文獻所見巫術研究》，科學出版社，2010 年。

高國藩：《中國巫術史》，三聯書店，1999 年。

顧頡剛等編：《古史辨》，海南出版社，2006 年。

郭沫若：《石鼓文研究——詛楚文考釋》，科學出版社，1982 年。

鄺芷人：《陰陽五行及其體系》（增訂版），文津出版社，1998 年。

漢語大詞典編輯委員會編：《漢語大詞典》，漢語大詞典出版社，1991—1994 年。

胡留元、馮卓慧合著：《夏商西周法制史》，商務印書館，2006 年。

胡新生：《中國古代巫術》，山東人民出版社，1999 年。

許進雄：《古文諧聲字根》，臺灣商務印書館，1995 年。

許進雄：《中國古代社會——文字與人類學的透視》（修訂本），臺灣商務印書館，1995 年。

許進雄：《簡明中國文字學》（修訂版），中華書局，2009 年。

黃天樹：《黃天樹古文字論集》，學苑出版社，2006 年。

黃暉撰：《論衡校釋（附劉盼遂集解）》，中華書局，1990 年。

瞿同祖：《中國法律與中國社會》，中華書局，2003 年。

于省吾主編：《甲骨文字詁林》，中華書局，1996 年。

徐富昌：《睡虎地秦簡研究》，文史哲出版社，1993 年。

趙璞珊：《中國古代醫學》，中華書局，1983 年。

趙容俊：《殷商甲骨卜辭所見之巫術》，文津出版社，2003 年。

趙容俊：《殷商甲骨卜辭所見之巫術》（增訂本），中華書局，2011 年。

詹鄞鑫：《心智的誤區——巫術與中國巫術文化》，上海教育出版社，2001 年。

陳邦賢：《中國醫學史》，商務印書館，1954 年。

陳愛民、劉興林主編：《甲骨天地——紀念甲骨文發現 120 週年南京高層論壇論文擷萃》,鳳凰出版社,2019 年。

張光直:《中國青銅時代》(第二集),聯經出版公司,1990 年。

張紫晨:《中國巫術》,上海三聯書店,1996 年。

朱天順:《中國古代宗教初探》,上海人民出版社,1982 年。

中國社會科學院考古研究所編:《中國考古學》,中國社會科學出版社,2004 年。

鍾敬文主編,晁福林等著:《中國民俗史》(先秦卷),人民出版社,2008 年。

程少軒:《放馬灘簡式占古佚書研究》,中西書局,2018 年。

睡虎地秦墓竹簡整理小組編:《睡虎地秦墓竹簡》,文物出版社,1990 年。

宋兆麟:《巫與巫術》,四川民族出版社,1989 年。

宋兆麟、馮莉合編:《中國遠古文化》,寧波出版社,2004 年。

宋鎮豪:《夏商社會生活史(增訂本)》,中國社會科學出版社,2005 年。

嚴文明主編:《中國考古學研究的世紀回顧·新石器時代考古卷》,科學出版社,2008 年。

楊　寬:《戰國史》(增訂本),上海人民出版社,1998 年。

萬建中:《中國歷代葬禮》,北京圖書館出版社,1998 年。

聞一多:《聞一多全集》,三聯書店,1982 年。

王子今:《睡虎地秦簡〈日書〉甲種疏證》,湖北教育出版社,2002 年。

王宇信、楊升南主編:《甲骨學一百年》,社會科學文獻出版社,1999 年。

(二)論文

彭邦炯:《甲骨文中的生育問題探索》,《殷都學刊》2006 年第 1 期。

方　勇、侯娜合著:《讀周家臺秦簡"醫方"簡劄記(二則)》,《魯東大學學報(哲學社會科學版)》2015 年第 3 期。

房相楠:《小談周家臺秦簡〈病方及其它〉中的短語》,《唐山學院學報》2012 年第 4 期。

石興邦:《我國東方沿海和東南地區古代文化中鳥類圖像與鳥祖崇拜的有關問題》,載田昌五、石興邦主編:《中國原始文化論集——紀念尹達八十誕辰》，文物出版社，1989 年。

　　陶正剛、王克林：《侯馬東周盟誓遺址》，《文物》1972 年第 4 期。

　　李　密：《睡虎地〈日書〉〈病〉、〈有疾〉篇新研——自中國醫學思想史角度的再考察》，《北大史學》2011 年第 1 期。

　　李家浩：《馬王堆漢墓帛書祝由方中的"由"》，《河北大學學報(哲學社會科學版)》2005 年第 1 期。

　　李學勤：《論清華簡〈保訓〉的幾個問題》，《文物》2009 年第 6 期。

　　李學勤：《周文王遺言》，《光明日報》2009 年 4 月 13 日。

　　李存山：《試評清華簡〈保訓〉篇中的"陰陽"》，《中國哲學史》2010 年第 3 期。

　　李義平：《孔家坡漢簡〈日書〉初探》，中山大學 2009 年碩士學位論文(指導教師：黃文傑)。

　　遼寧省文物考古研究所：《遼寧牛河梁紅山文化"女神廟"與積石塚群發掘簡報》，《文物》1986 年第 8 期。

　　劉樂賢：《釋孔家坡漢簡〈日書〉中的幾個古史傳說人物》，《中國史研究》2010 年第 2 期。

　　劉樂賢：《睡虎地秦簡日書〈詰咎篇〉研究》，《考古學報》1993 年第 4 期。

　　劉樂賢：《尹灣漢墓出土數術文獻初探》，載連雲港市博物館、中國文物研究所合編：《尹灣漢墓簡牘綜論》，科學出版社，1999 年。

　　劉樂賢：《從周家臺秦簡看古代的"孤虛"術》，《出土文獻研究》第 7 輯，上海古籍出版社，2005 年。

　　劉國勝：《孔家坡漢簡日書"五勝"篇芻議》，《簡帛》第九輯，上海古籍出版社，2014 年。

　　劉金華：《周家臺秦簡醫方試析》，《甘肅中醫》2007 年第 6 期。

　　劉玉環：《孔家坡漢簡〈日書〉釋文補説》，《昆明學院學報》2014 年第 5 期。

　　連劭名：《雲夢秦簡〈詰〉篇考述》，《考古學報》2002 年第 1 期。

連雲港市博物館：《江蘇東海縣尹灣漢墓群發掘簡報》，《文物》1996年第 8 期。

林志鵬：《殷代巫覡活動研究》，臺灣大學 2003 年碩士學位論文（指導教師：許進雄）。

葛治功：《試述我國古代圖騰制度的遺痕在商周青銅器上的表現》，《南京博物院集刊》1983 年第 6 期。

甘肅省博物館文物工作隊：《甘肅秦安大地灣第九區發掘簡報》，《文物》1983 年第 11 期。

甘肅省文物考古研究所、天水市北道區文化館：《甘肅天水放馬灘戰國秦漢墓群的發掘》，《文物》1989 年第 2 期。

郭沫若：《侯馬盟書試探》，《文物》1966 年第 2 期。

何雙全：《天水放馬灘秦簡綜述》，《文物》1989 年第 2 期。

何有祖：《孔家坡漢簡叢考》，《中國國家博物館館刊》2012 年第 12 期。

河南省文物研究所：《河南溫縣東周盟誓遺址一號坎發掘簡報》，《文物》1983 年第 3 期。

郝本性：《從溫縣盟書談中國古代盟誓制度》，《華夏考古》2002 年第 2 期。

胡厚宣：《甲骨文商族鳥圖騰遺迹》，《歷史論叢》1964 年第 1 輯。

胡厚宣：《甲骨文所見商族鳥圖騰的新證據》，《文物》1977 年第 2 期。

胡雅静：《古代音樂占卜的種類、功能及文化內涵》，《中國音樂》2018 年第 1 期。

湖北孝感地區第二期亦工亦農文物考古訓練班：《湖北雲夢睡虎地十一座秦墓發掘簡報》，《文物》1976 年第 9 期。

湖北省荆州市周梁玉橋遺址博物館：《關沮秦漢墓清理簡報》，《文物》1999 年第 6 期。

荆州地區博物館：《江陵王家臺 15 號秦墓》，《文物》1995 年第 1 期。

清華大學出土文獻研究與保護中心：《清華大學藏戰國竹簡〈保訓〉釋文》，《文物》2009 年第 6 期。

謝　康:《中國古代巫術文化及其社會功能》,《中華文化復興月刊》1976 年第 9 卷第 1—2 期。

謝　妍、沈澍農合著:《周家臺秦簡〈病方〉"乾者"考》,《中華中醫藥雜誌》2019 年第 1 期。

香港中文大學中國文化研究所、沈建華:《從甲骨文"圭"字看殷代儀禮中的五行觀念起源》,《文物》1993 年第 5 期。

于省吾:《略論圖騰與宗教起源和夏商圖騰》,《歷史研究》1959 年第 11 期。

孫占宇:《放馬灘秦簡日書整理與研究》,西北師範大學 2008 年博士學位論文(指導教師:張德芳)。

孫作雲:《中國古代鳥氏族諸酋長考》,載杜正勝編:《中國上古史論文選集》,華世出版社,1979 年。

趙佩馨:《甲骨文中所見的商代五刑——並釋刖、剌二字》,《考古》1961 年第 2 期。

趙容俊:《先秦巫俗之研究》,臺灣大學 2002 年碩士學位論文(指導教師:許進雄)。

趙容俊:《殷商的鳥圖騰崇拜》,《東方人文學誌》2003 年第 2 卷第 2 期。

趙容俊:《甲骨卜辭所見之巫者的醫療活動》,《史學集刊》2004 年第 3 期。

趙容俊:《中國古代社會的巫術活動》,《中州學刊》2004 年第 4 期。

趙容俊:《巫術的定義》,《宗教哲學》2005 年第 32 期。

趙容俊:《中國先秦的巫術特徵考察》,《東方考古》2009 年第 6 集。

趙容俊:《先秦巫者的醫療活動研究》,清華大學 2010 年博士學位論文(指導教師:李學勤)。

趙容俊:《秦國的醫學文化考察》,《輝煌雍城——全國(鳳翔)秦文化學術研討會論文集》,三秦出版社,2017 年。

陳　劍:《孔家坡漢簡的"祟"字》,復旦大學出土文獻與古文字研究中心網，2011 年 11 月 8 日。

　　陳　偉：《放馬灘秦簡日書〈占病祟除〉與投擲式選擇》，《文物》2011 年第 5 期。

　　陳夢家：《商代的神話與巫術》，《燕京學報》1936 年第 20 期。

　　陳夢家：《東周盟誓與出土載書》，《考古》1966 年第 5 期。

　　陳炫瑋：《孔家坡漢簡日書研究》，（臺灣）清華大學 2007 年碩士學位論文（指導教師：張永堂）。

　　陳燨彬：《左傳中巫術之研究》，政治大學 1989 年博士學位論文（指導教師：李威熊）。

　　陳榮傑：《周家臺秦簡〈病方及其它〉構詞法分析》，《樂山師範學院學報》2005 年第 9 期。

　　張銘洽：《雲夢秦簡〈日書〉占卜術初探》，《文博》1988 年第 3 期。

　　張麗君：《〈五十二病方〉祝由之研究》，《中華醫史雜誌》1997 年第 27 卷第 3 期。

　　張家山漢墓竹簡整理小組：《江陵張家山漢簡概述》，《文物》1985 年第 1 期。

　　張錫瑛：《紅山文化原始宗教探源——原始宗教考古研究之二》，《遼海文物學刊》1993 年第 1 期。

　　張顯成、楊艷輝：《〈孔家坡漢簡·日書〉釋讀訂補》，《古籍整理研究學刊》2014 年第 2 期。

　　鄭愛蘭：《商周宗教與藝術所反映的社會政治心態之研究——從器物圖像之"物"看上古巫術與宗教的意識形態》，臺灣大學 1999 年博士論文（指導教師：杜正勝）。

　　朱　玲、楊　峰：《睡虎地秦簡〈日書〉醫療疾病史料淺析》，《中國中醫基礎醫學雜誌》2007 年第 5 期。

　　沈建華：《釋〈保訓〉簡"測陰陽之物"》，《中國史研究》2009 年第 3 期。

　　程　浩：《清華簡〈筮法〉與周代占筮系統》，《周易研究》2013 年第 6 期。

程君顒：《試探中國古代鳥圖騰氏族的形成及其演變》，《史耘》1995年第 1 期。

程少軒：《周家臺秦簡〈日書〉與〈卅六年日〉編聯補説》，載武漢大學簡帛研究中心主辦：《簡帛》第八輯，上海古籍出版社，2013 年。

葉修成：《論先秦"誓"體及其契約精神》，《北京社會科學》2016 年第 8 期。

俞偉超、嚴文明等：《座談東山嘴遺址》，《文物》1984 年第 11 期。

饒宗頤：《殷上甲微作祹（儺）》，《民俗曲藝》1993 年第 84 期。

曾振宇：《清華簡〈保訓〉"測陰陽之物"新論》，《中原文化研究》2015年第 4 期。

晏昌貴：《孔家坡漢簡〈日書·歲〉篇五行配音及相關問題》，《簡帛》第二輯，上海古籍出版社，2007 年。

晏昌貴：《天水放馬灘秦簡乙種〈日書〉分篇釋文（稿）》，載武漢大學簡帛研究中心主辦：《簡帛》第五輯，上海古籍出版社，2010 年。

楊　華：《出土日書與楚地的疾病占卜》，《武漢大學學報（人文科學版）》2003 年第 5 期。

武家璧：《隨州孔家坡漢簡〈曆日〉及其年代》，《江漢考古》2009 年第 1 期。

王　暉：《夏禹爲巫祝宗主之謎與名字巫術論》，《人文雜誌》2007 年第 4 期。

王化平：《鬼神信仰與數術——〈五十二病方〉中所見祝由術的解讀》，《中醫藥文化》2016 年第 5 期。

王吉懷：《宗教遺存的發現和意義》，《考古與文物》1992 年第 6 期。

王子今：《睡虎地秦簡〈日書〉甲種〈病〉篇釋讀》，《秦文化論叢》第 10輯，三秦出版社，2003 年。

袁　瑋：《〈五十二病方〉祝由療法淺析》，《湖南中醫學院學報》1988年第 1 期。

袁廣闊：《洪山廟一號墓男性生殖器圖像試析》，《文物》1995 年第

4 期。

四、外文參考資料

（韓）趙興胤：《한국 무의 세계：韓國巫的世界》，（韓國）民族社，1997 年。

（韓）趙容俊：《早期中國醫學與陰陽五行思想考察》，（韓國）《民族文化論叢》2012 年第 52 輯。

（韓）趙容俊：《兩周時期中國醫學的專業化小考》，（韓國）《大韓韓醫學原典學會志》2013 年第 26 卷第 1 號。

（韓）趙容俊：《睡虎地秦簡〈日書〉篇所見之占卜問病考察》，（韓國）《人文學研究》2019 年第 116 輯。

（韓）趙容俊：《清華簡所見的陰陽五行觀念小考》，（韓國）《東洋古典研究》2019 年第 74 輯。

（韓）趙容俊：《放馬灘秦簡〈日書〉篇所見之醫療巫術考察》，（韓國）《東洋古典研究》2019 年第 76 輯。

（韓）趙容俊：《A Research on the Shamanistic Medical Activities as Seen in the *Recipes for Fifty-two Ailments* 五十二病方 Written in the *Mawangdui* 馬王堆 *Silk Manuscript*：馬王堆帛書〈五十二病方〉篇所見之醫療巫術考察》，（韓國）《醫史學》2019 年第 28 卷第 3 號。

（韓）趙容俊：《睡虎地秦簡〈日書‧詰〉篇所見之醫療巫術活動考察》，（日本）《中國出土資料研究》2020 年第 24 號。

（韓）趙容俊：《睡虎地秦簡〈日書〉篇所見之祝由巫術考察》，（韓國）《人文學研究》2020 年第 121 輯。

（韓）趙容俊：《周家臺秦簡所見之醫療巫術考察》，（韓國）《中國古中世史研究》2021 年第 59 輯。

（韓）趙容俊：《孔家坡漢簡〈日書〉篇所見之醫療巫術考察》，（韓國）《延世醫史學》2021 年第 49 號。

（日）白川靜著，王孝廉譯：《中國神話》，長安出版社，1983 年。

（日）松丸道雄、高嶋謙一合編：《甲骨文字字釋綜覽》,（日本）東京大學出版社,1993 年。

（日）工藤元男著,廣瀨薰雄、曹峰合譯：《睡虎地秦簡所見秦代國家與社會》,上海古籍出版社,2010 年。

（日）山田慶兒：《中醫學的歷史與理論》,載吳之静主編：《科學——中國與世界》,科學普及出版社,1992 年。

（日）山田慶兒著,廖育群、李建民編譯：《中國古代醫學的形成》,東大圖書公司,2003 年。

（日）大江篤：《日本古代の神と靈：日本古代的神和靈》,（日本）臨川書店,2007 年。

（日）伊藤道治：《卜辭中"虛詞"之性格——以"虫"與"隹"之用例爲中心》,《古文字研究》第 12 輯,中西書局,1985 年。

（美）Harper, Donald John（夏德安）：《THE "WU SHIH ERH PING FANG" — TRANSLATION AND PROLEGOMENA：五十二病方》,（美國）UNIVERSITY MICROFILMS INTERNATIONAL,1983 年。

（美）Harper, Donald John（夏德安）：《周家臺的數術簡》,載武漢大學簡帛研究中心主辦：《簡帛》第二輯,上海古籍出版社,2007 年。

（美）Lewis Henry Morgan（摩爾根）著,楊東蒓、馬雍、馬巨合譯：《Ancient Society：古代社會》,江蘇教育出版社,2005 年。

（英）James Frazer（詹姆斯·弗雷澤）著,徐育新等譯：《The Golden Bough：金枝——巫術與宗教之研究》,大眾文藝出版社,1998 年。

（英）Prof. Bronislan Malinowski（馬凌諾斯基）著,費孝通等譯：《What is Culture：文化論》,中國民間文藝出版社,1987 年。

（英）Walter Hutchinson（沃爾特·哈欽森）：《Customs of the World, Vol. I — a popular account of the manners, rites and ceremonies of men and women in all countries：世界風俗》,（印度）Neeraj Publishing House,1984 年。

五、引用甲骨文著録簡稱表（依出版年份排序）

《合》：郭沫若主編：《甲骨文合集》，中華書局，1977—1983 年。

《懷特》：Hsü Chin-hsiung（許進雄）：《Oracle bones from the White and other collections：懷特氏等收藏甲骨文集》，加拿大皇家安大略博物館，1979 年。

《小屯》：中國社會科學院考古研究所編：《小屯南地甲骨》，中華書局，1980 年。

圖書在版編目(CIP)數據

出土文獻與巫術研究 /（韓）趙容俊著. —上海：
上海古籍出版社，2024.5
（中國人民大學出土文獻與中國古代文明研究叢書）
ISBN 978-7-5732-0996-2

Ⅰ.①出…　Ⅱ.①趙…　Ⅲ.①巫術－文化研究－中國
Ⅳ.①B992.5

中國國家版本館 CIP 數據核字(2023)第 256068 號

出土文獻與巫術研究

[韓] 趙容俊　著

上海古籍出版社出版發行

（上海市閔行區號景路 159 弄 1－5 號 A 座 5F　郵政編碼 201101）

（1）網址：www.guji.com.cn

（2）E-mail：guji1@guji.com.cn

（3）易文網網址：www.ewen.co

上海惠敦印務科技有限公司印刷

開本 700×1000　1/16　印張 11　插頁 3　字數 153,000
2024 年 5 月第 1 版　2024 年 5 月第 1 次印刷
ISBN 978-7-5732-0996-2

K・3527　定價：52.00 元

如有質量問題,請與承印公司聯繫